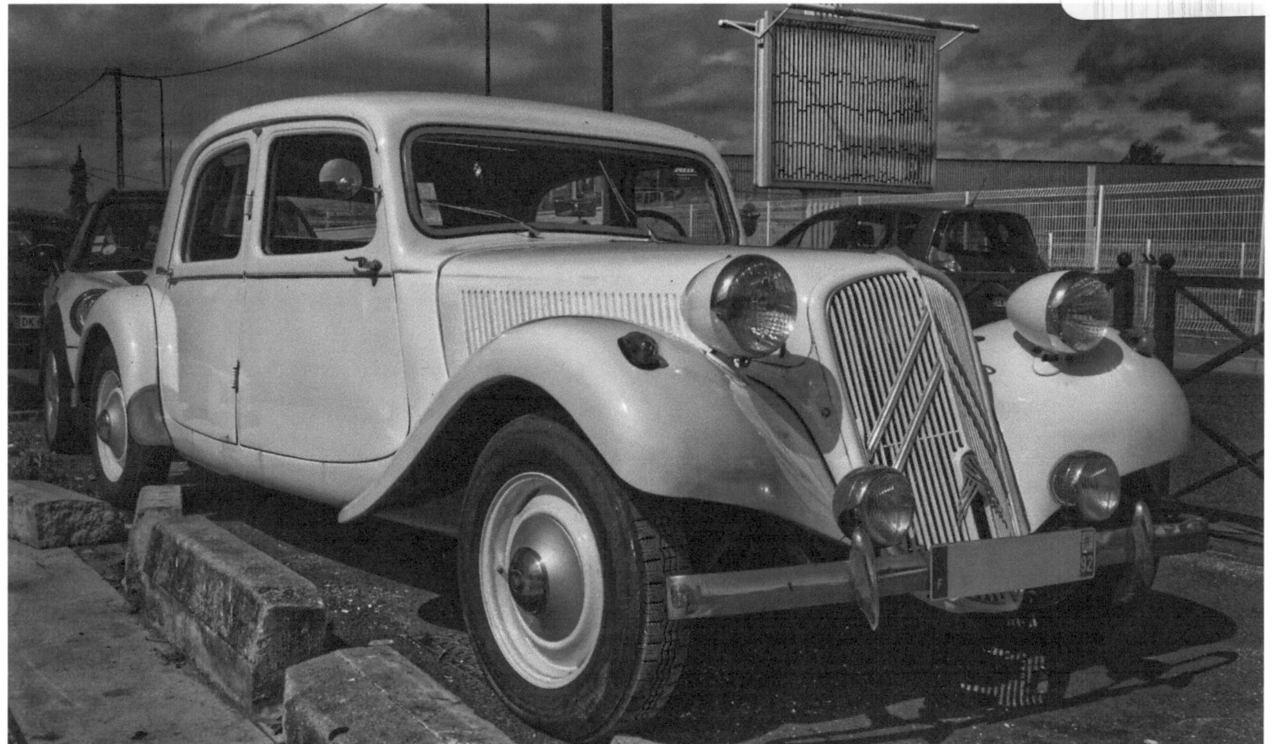

Comme la plupart des photographes, il y a des sujets qui nous motivent plus que d'autres.

Au sein des séries que je collectionne depuis de nombreuses années, il y a les « voitures anciennes ».

Je trouve que les voitures avant 1970 dégagent un charme que je ne retrouve pas dans les voitures modernes.

Je vous invite à parcourir une sélection des voitures anciennes que j'ai croisé dans mes pérégrinations photographiques.

En route ....

Citroën C3 trèfle Torpédo de 1926 –>

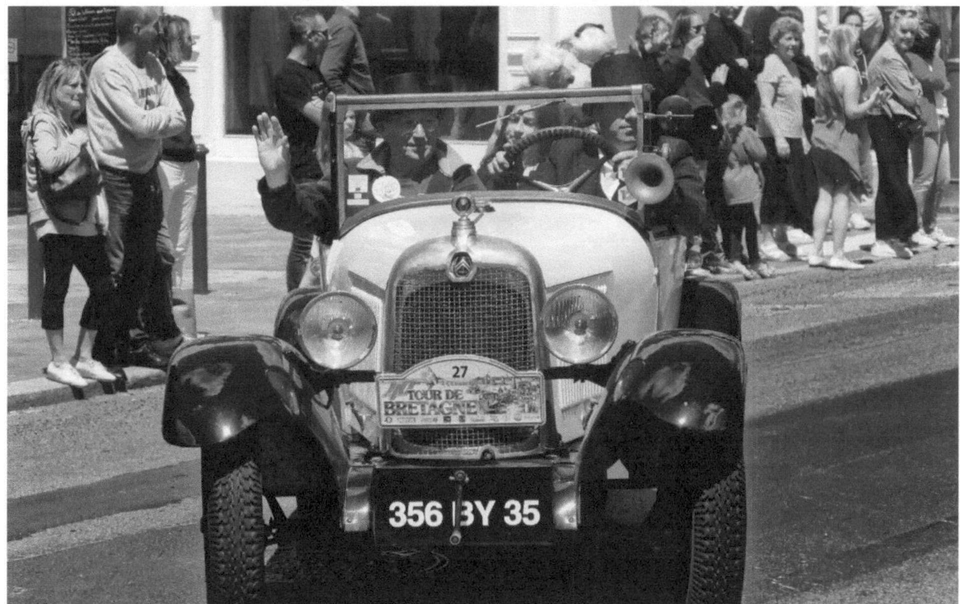

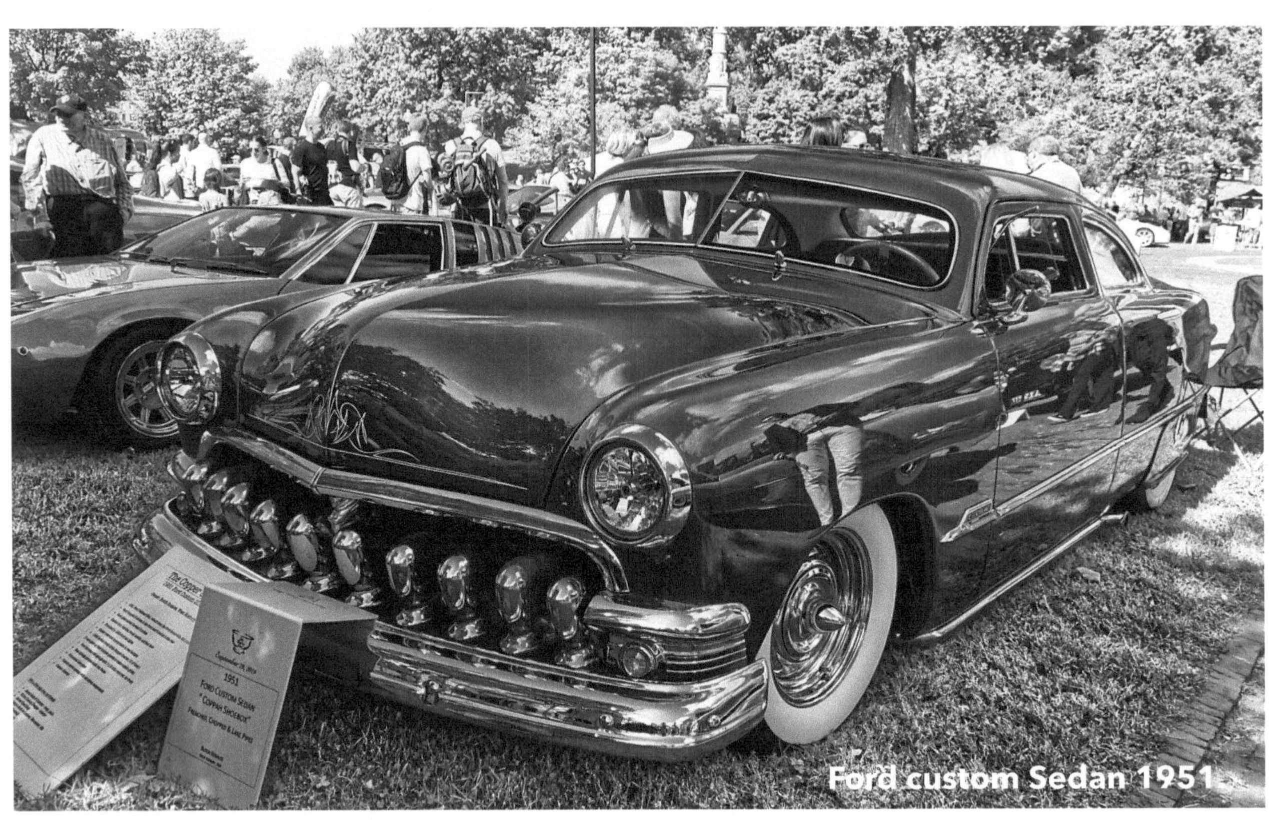

Ford custom Sedan 1951

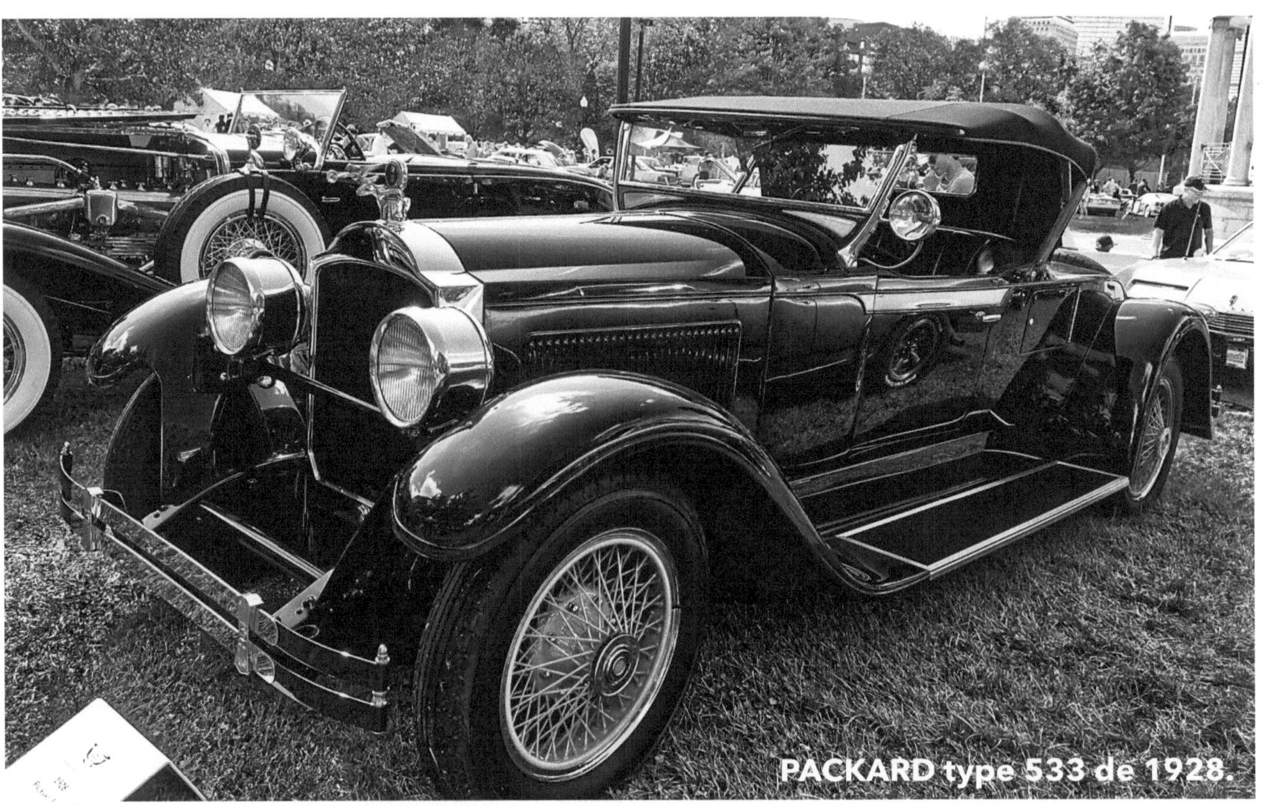

PACKARD type 533 de 1928.

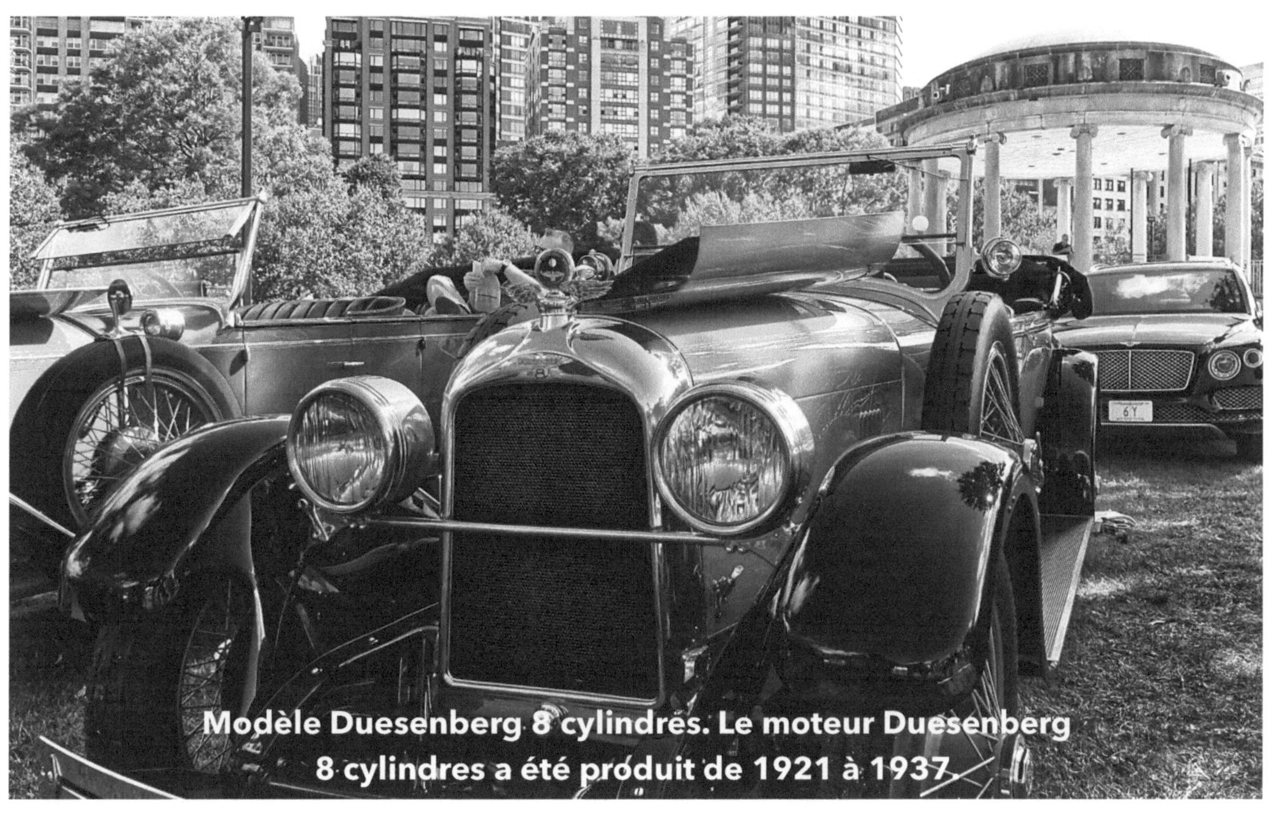

Modèle Duesenberg 8 cylindres. Le moteur Duesenberg 8 cylindres a été produit de 1921 à 1937

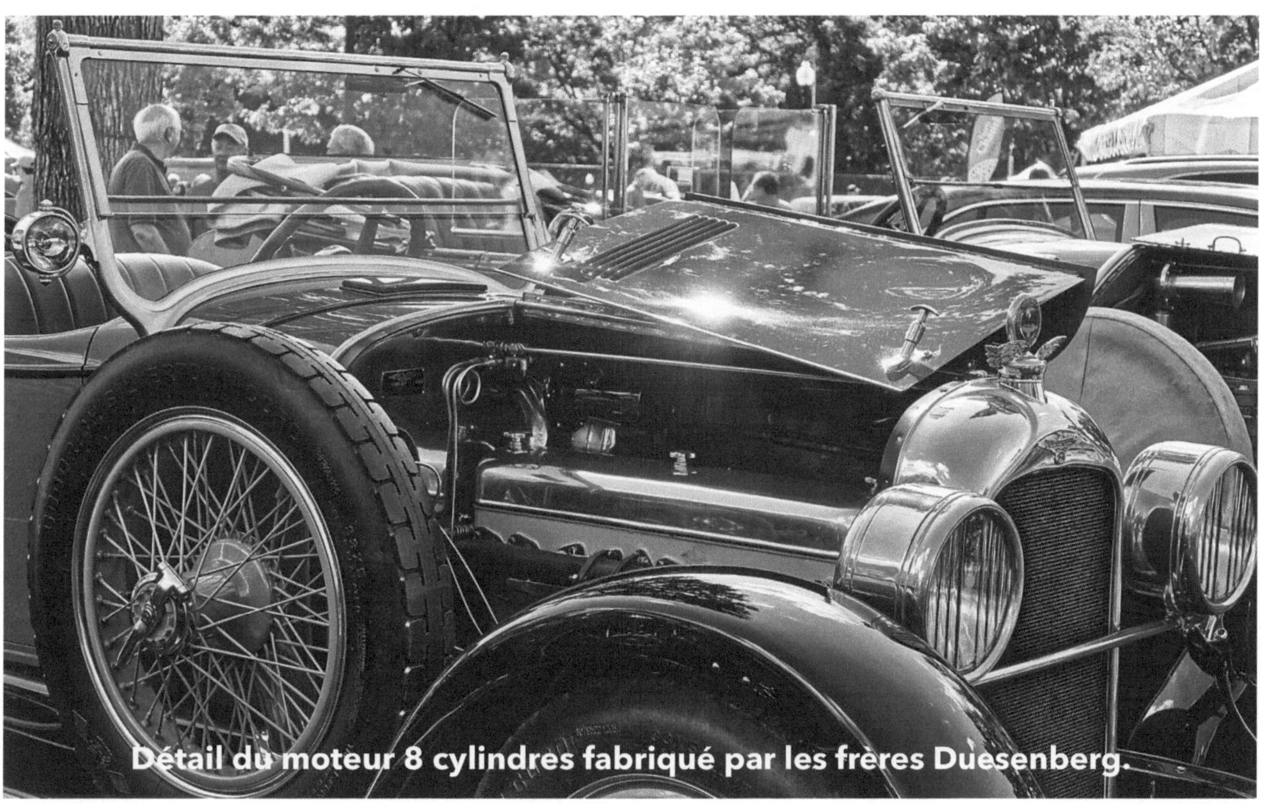

Détail du moteur 8 cylindres fabriqué par les frères Duesenberg.

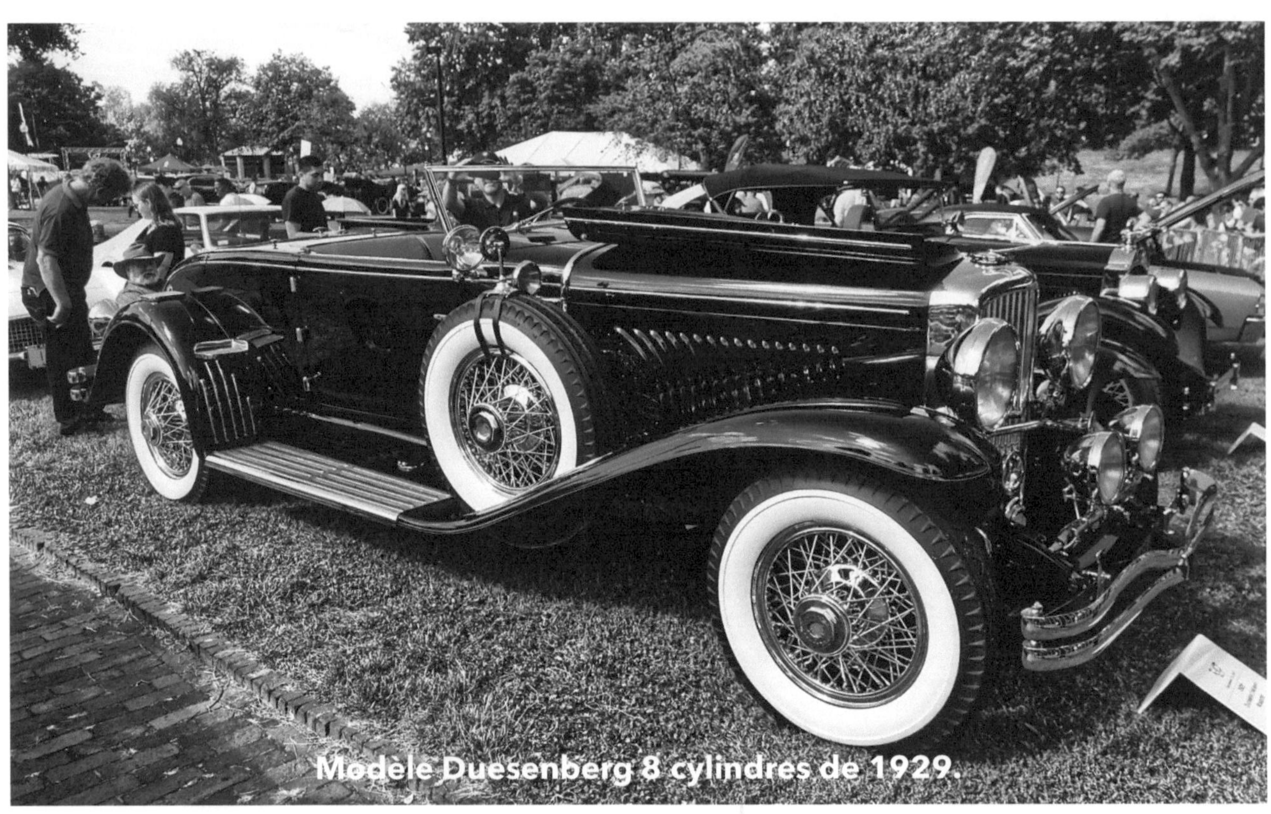

Modèle Duesenberg 8 cylindres de 1929.

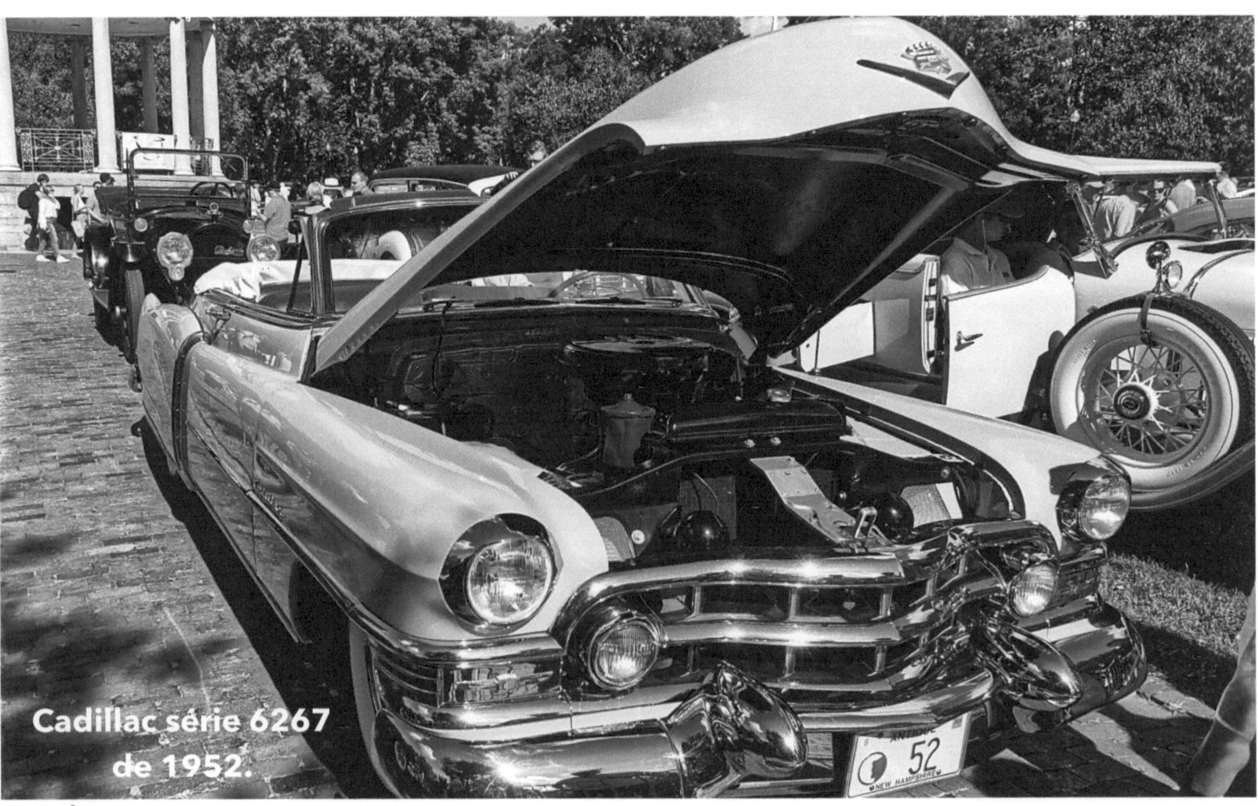

Cadillac série 6267 de 1952.

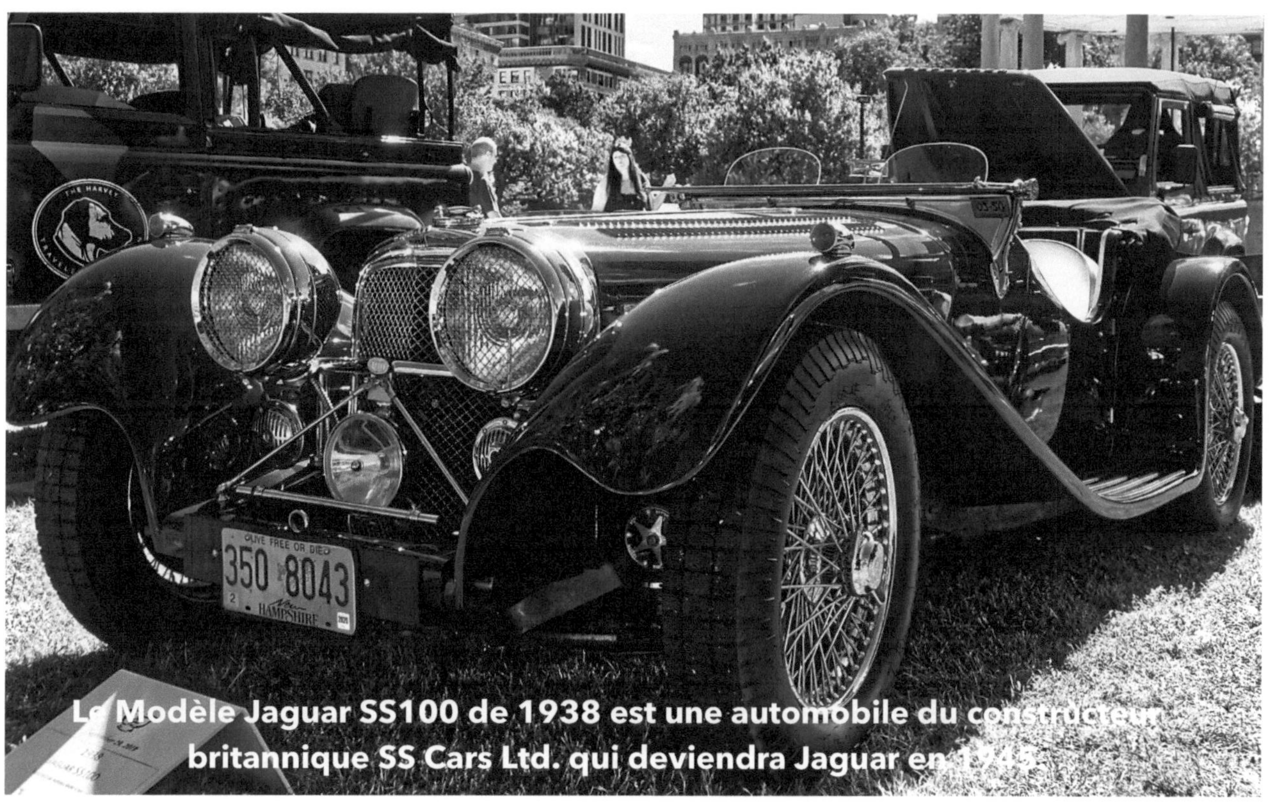

Le Modèle Jaguar SS100 de 1938 est une automobile du constructeur britannique SS Cars Ltd. qui deviendra Jaguar en 1945.

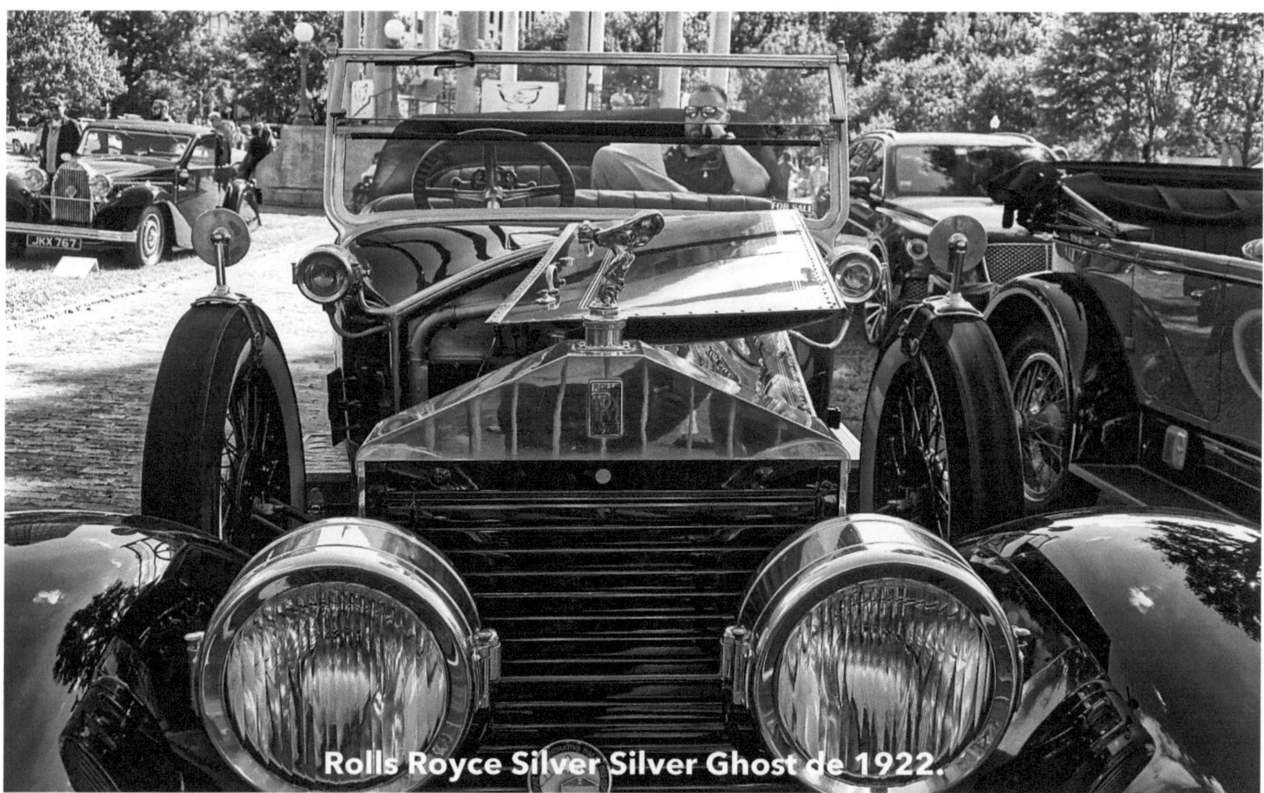

Rolls Royce Silver Silver Ghost de 1922.

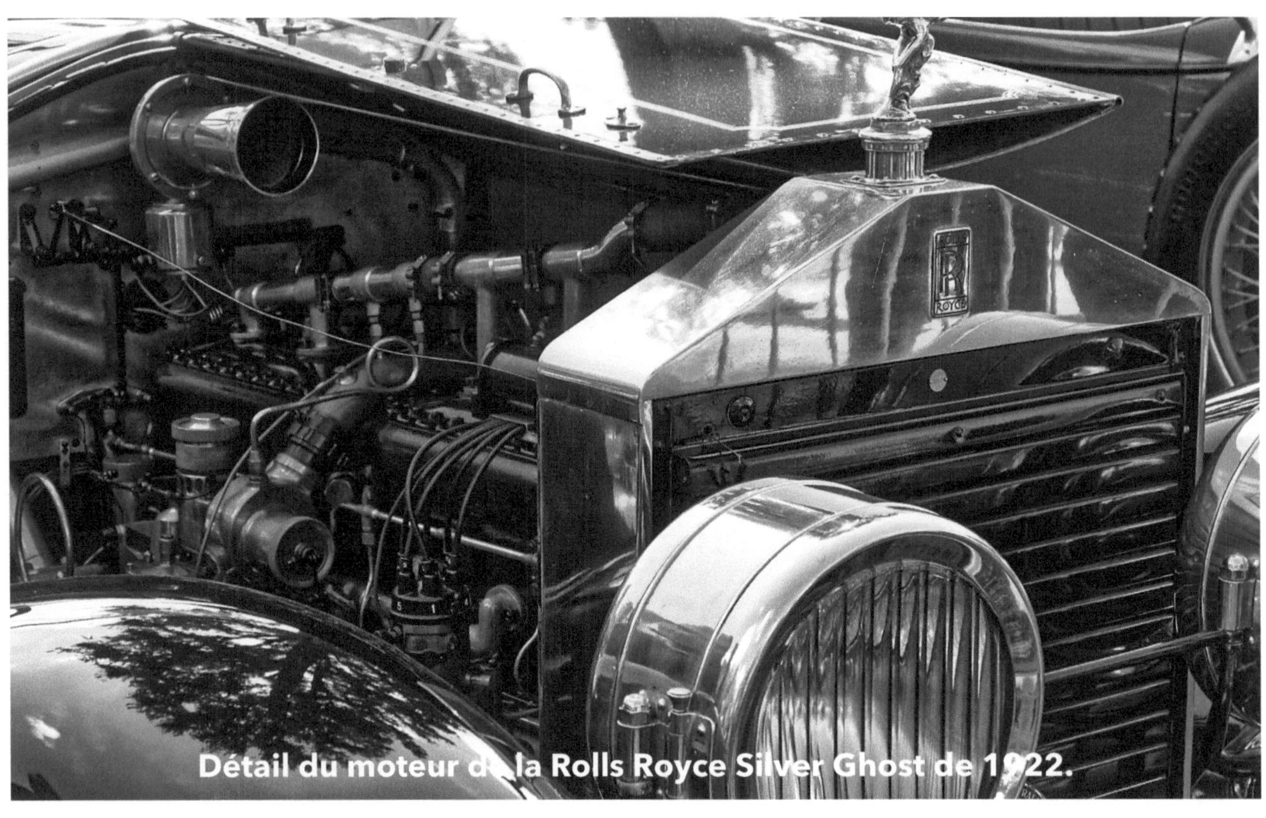

Détail du moteur de la Rolls Royce Silver Ghost de 1922.

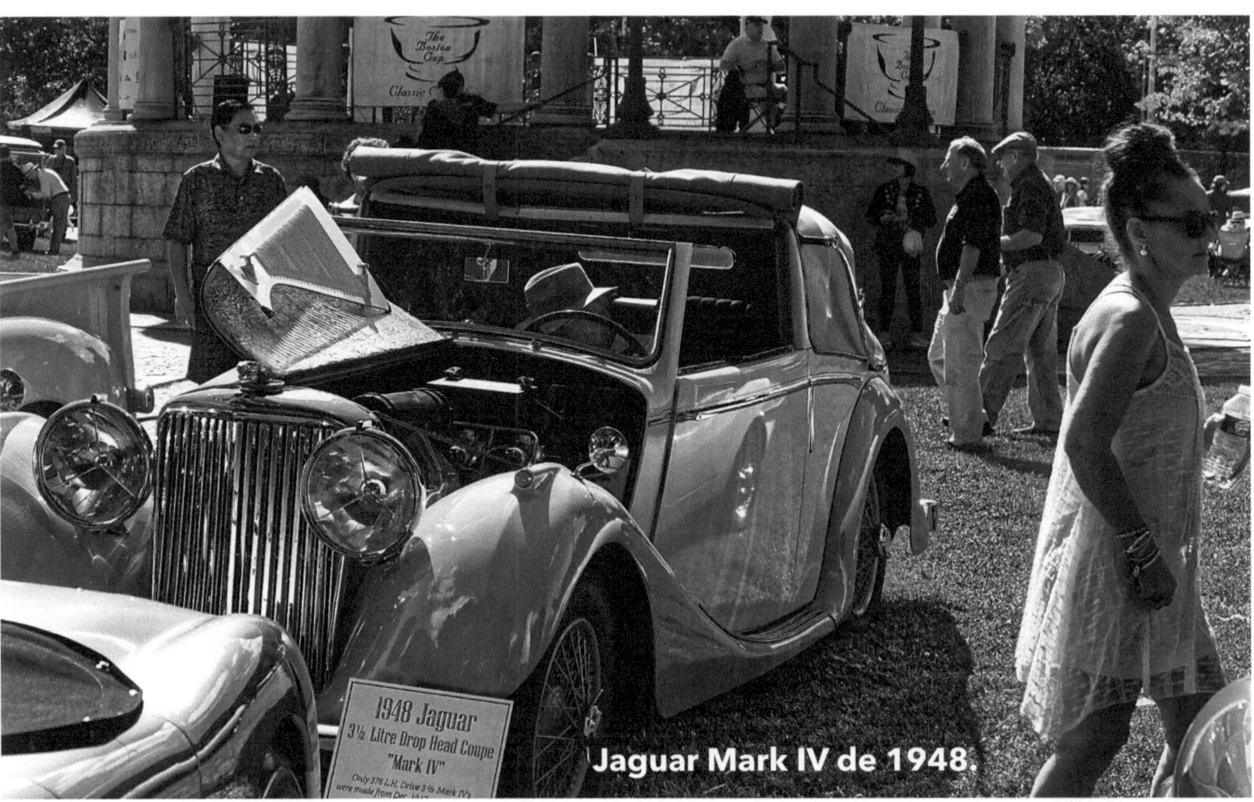

Jaguar Mark IV de 1948.

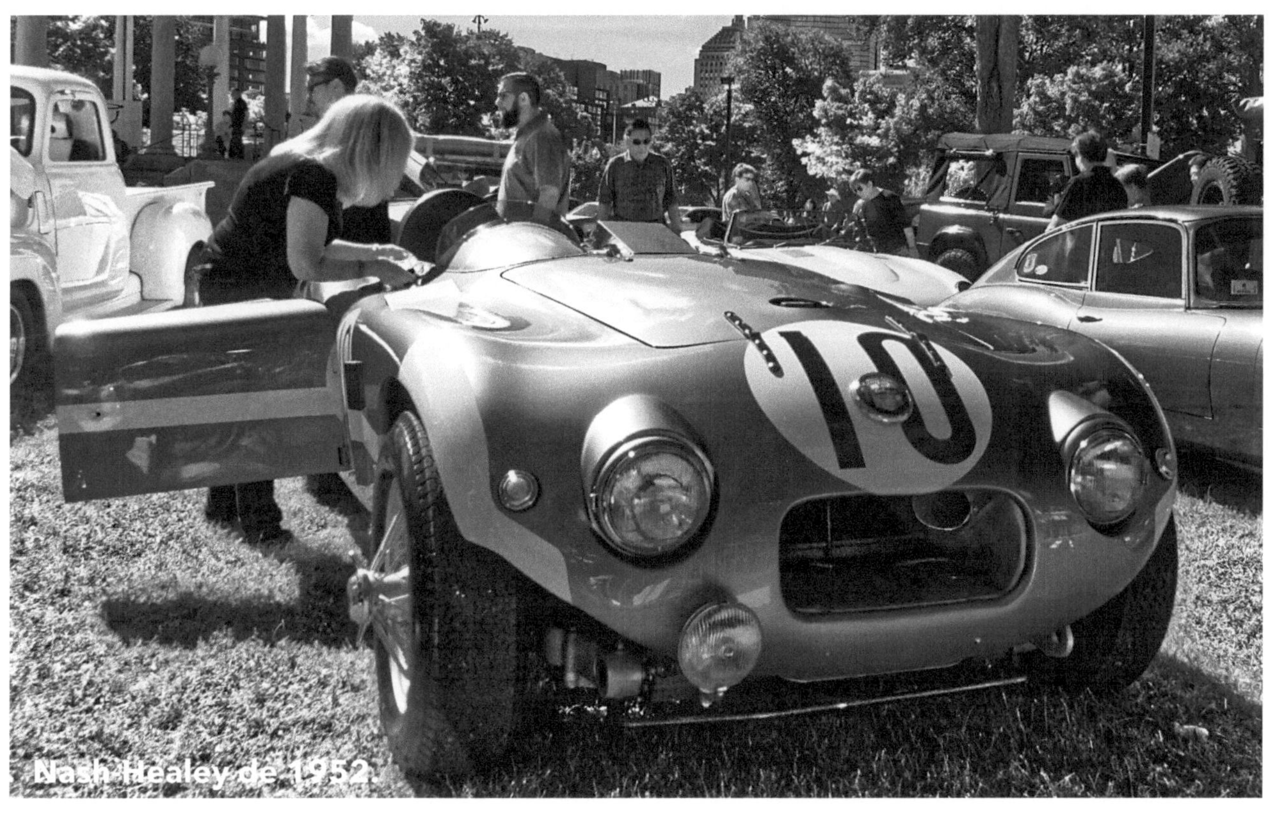

Nash-Healey de 1952.

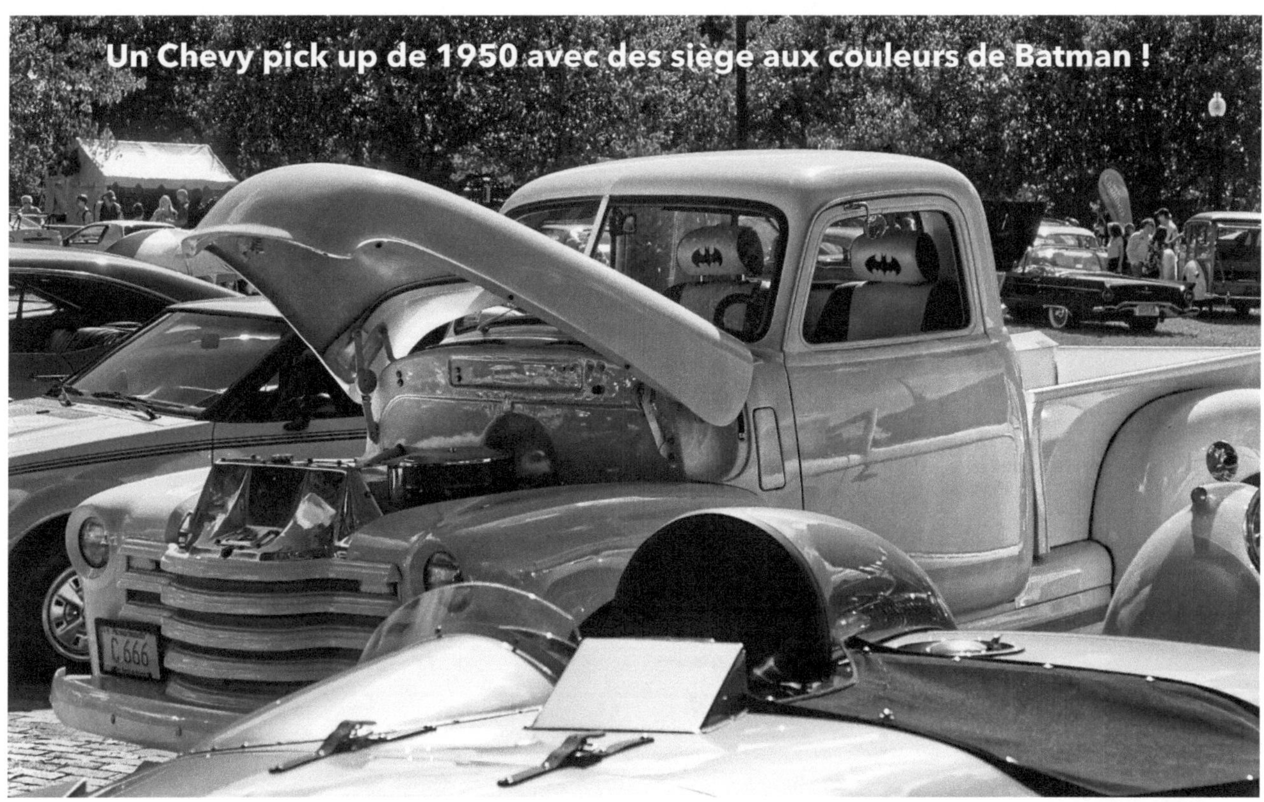

Un Chevy pick up de 1950 avec des siège aux couleurs de Batman !

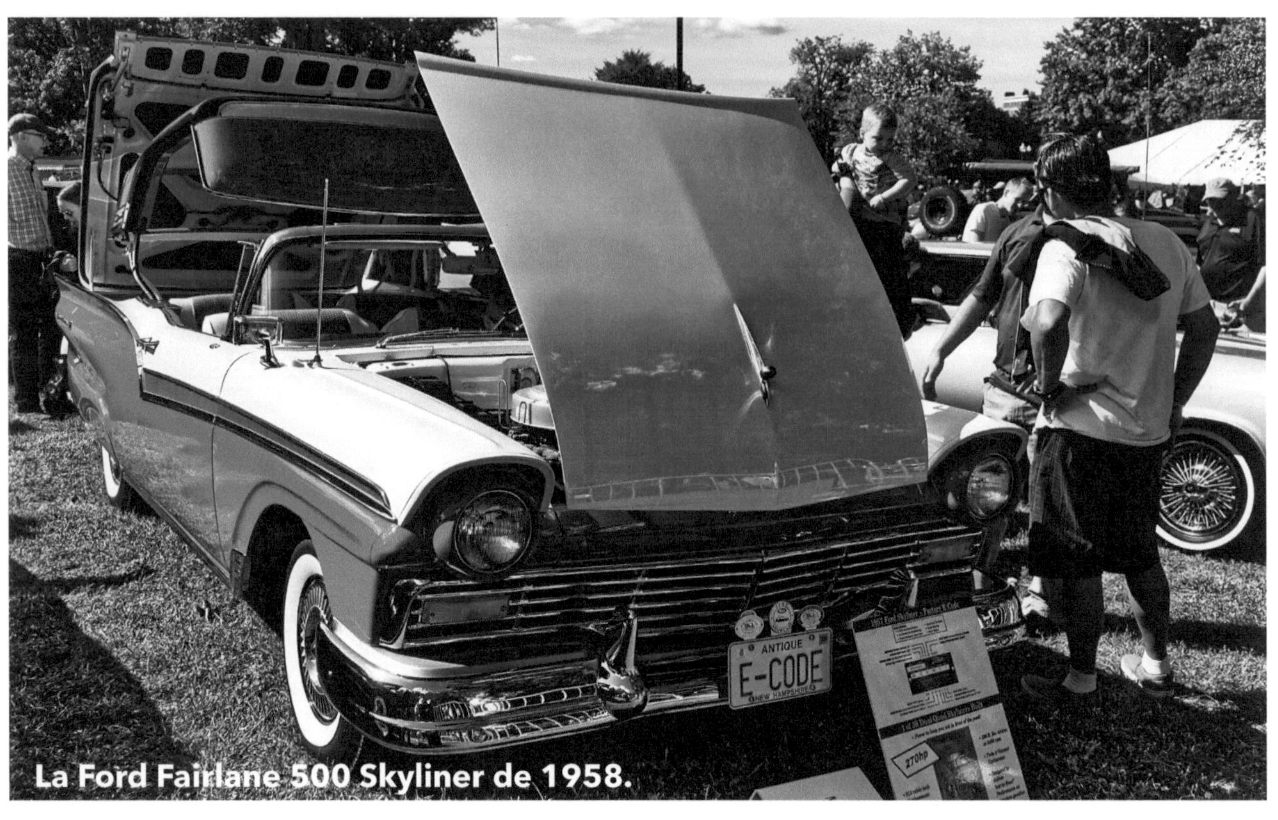

La Ford Fairlane 500 Skyliner de 1958.

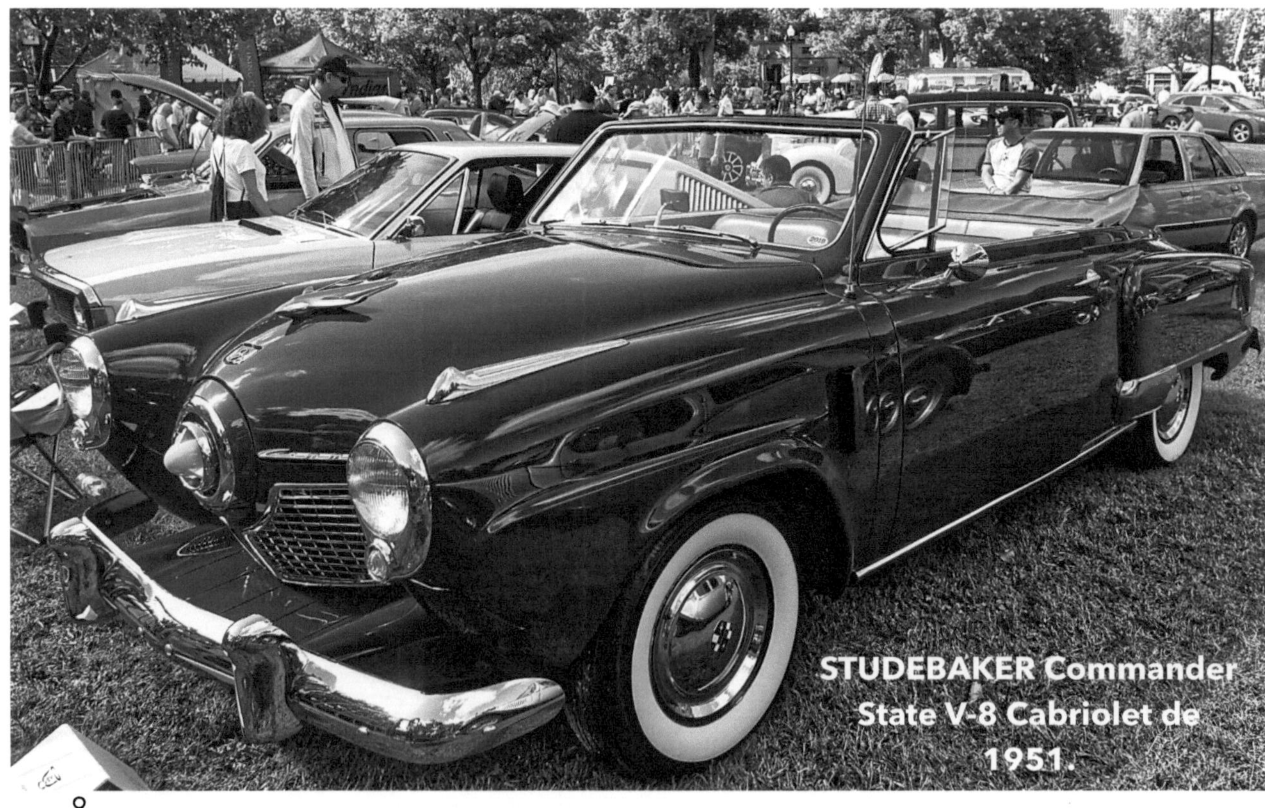

STUDEBAKER Commander State V-8 Cabriolet de 1951.

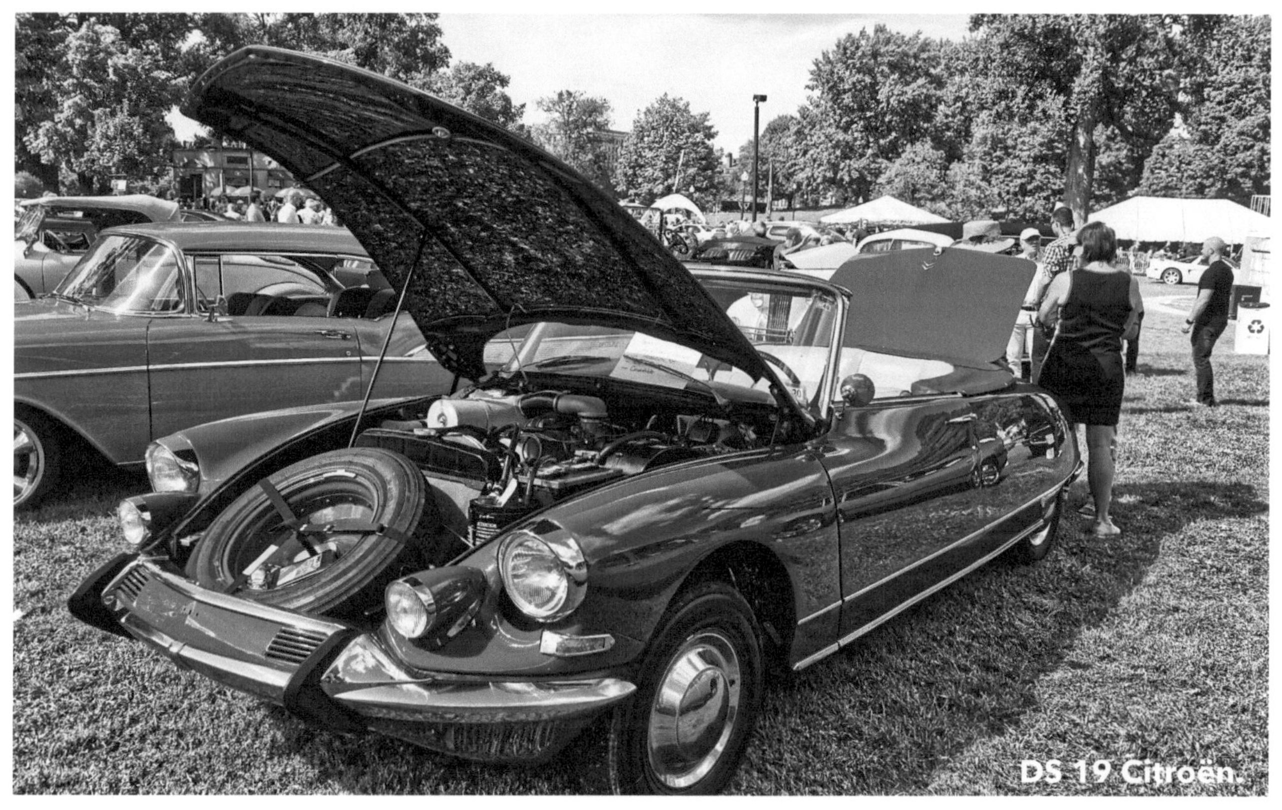

DS 19 Citroën.

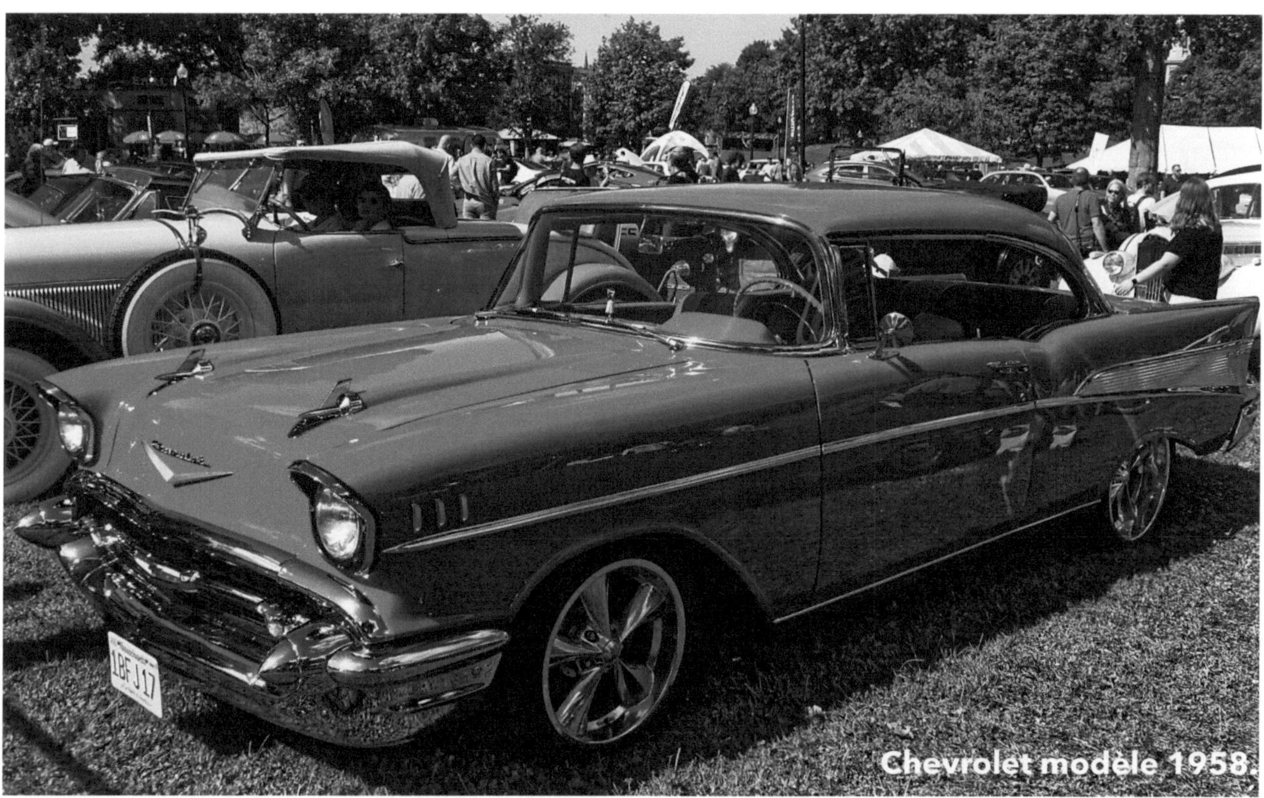

Chevrolet modèle 1958.

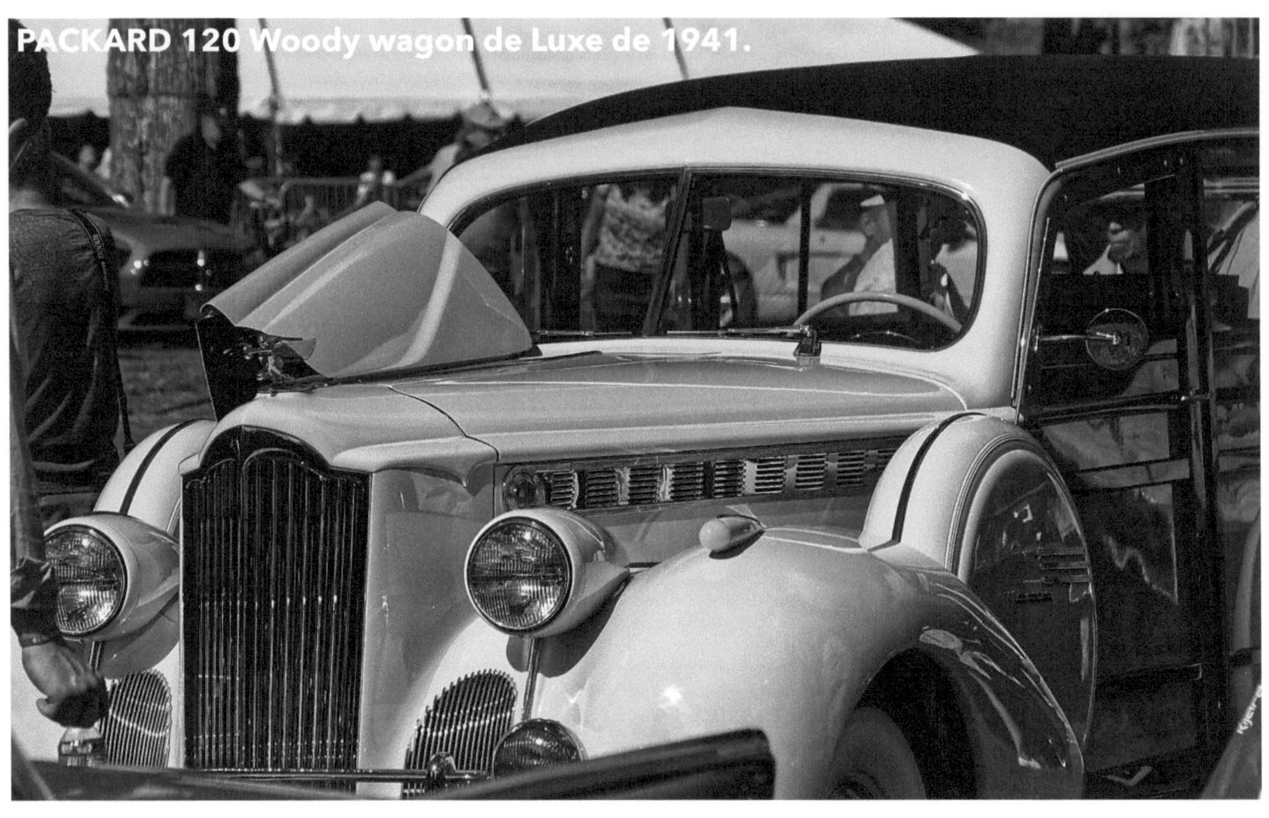

PACKARD 120 Woody wagon de Luxe de 1941.

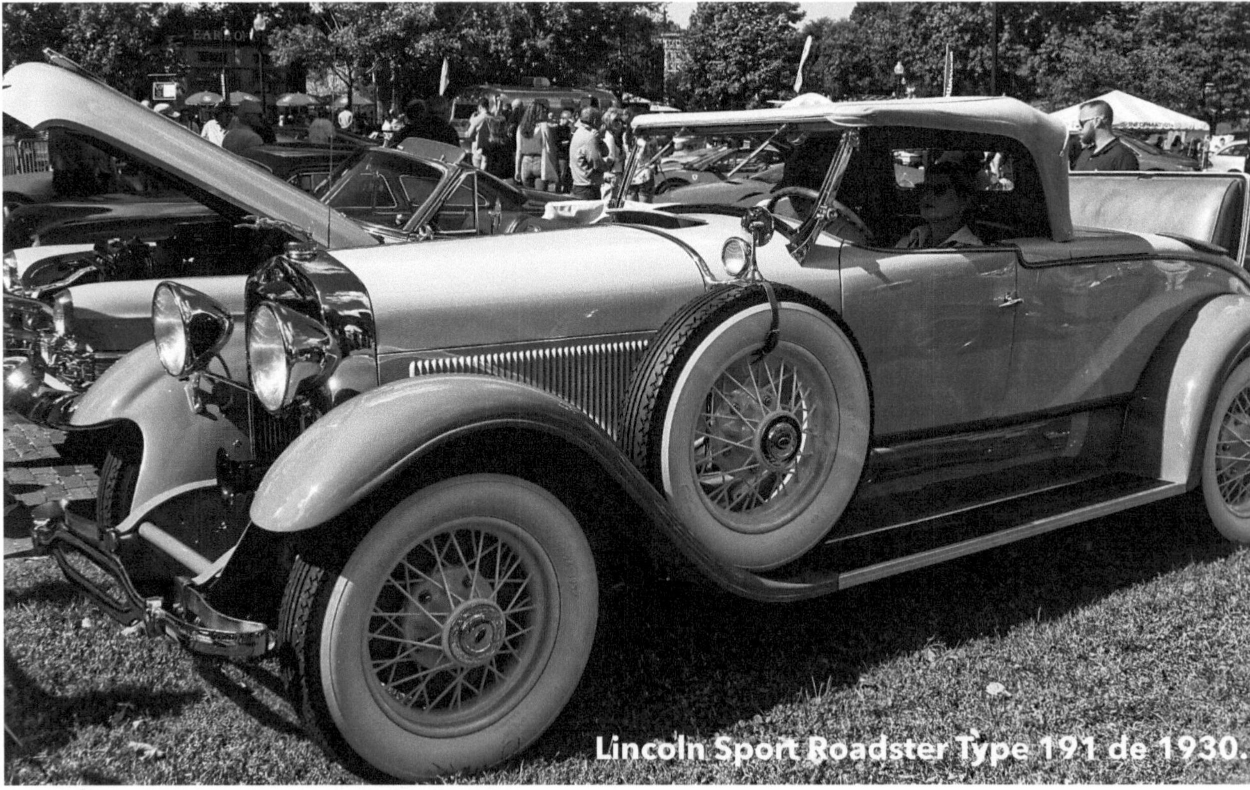

Lincoln Sport Roadster Type 191 de 1930.

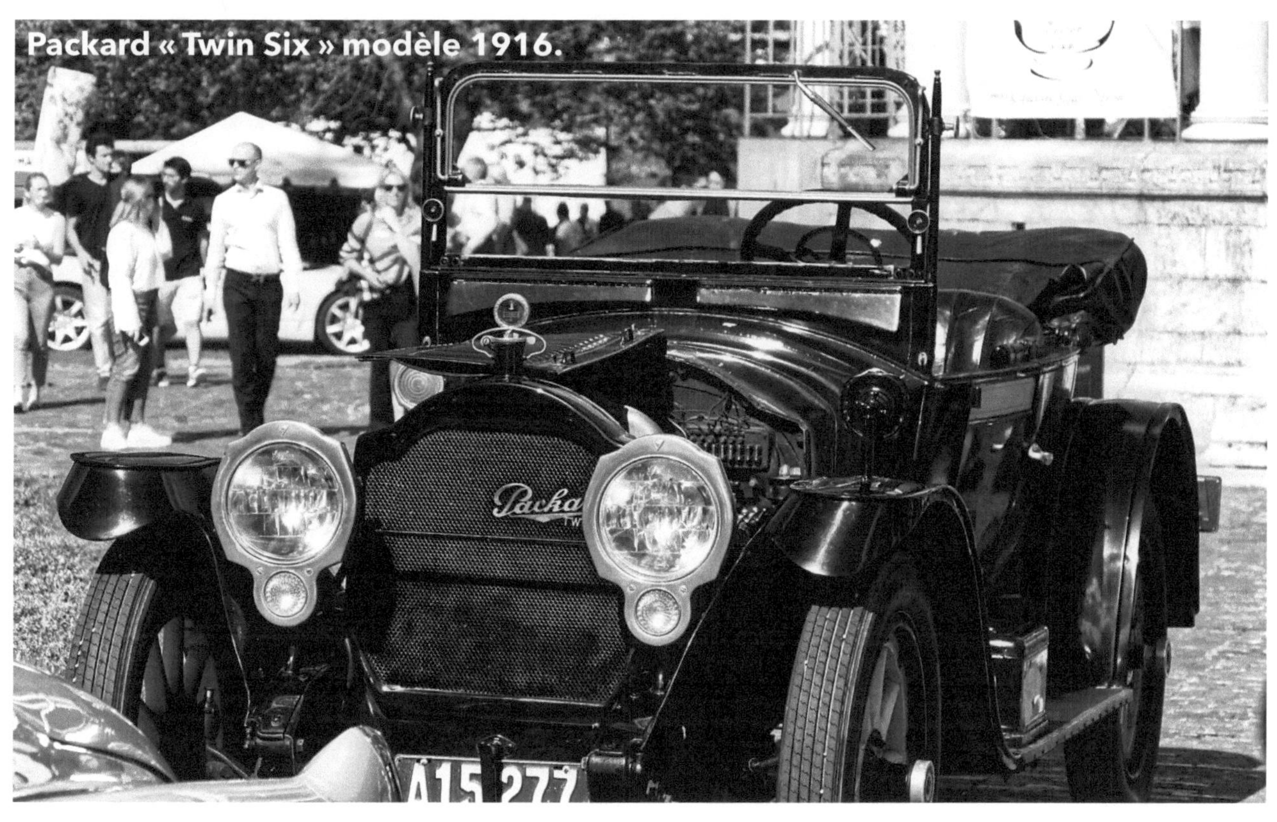

Packard « Twin Six » modèle 1916.

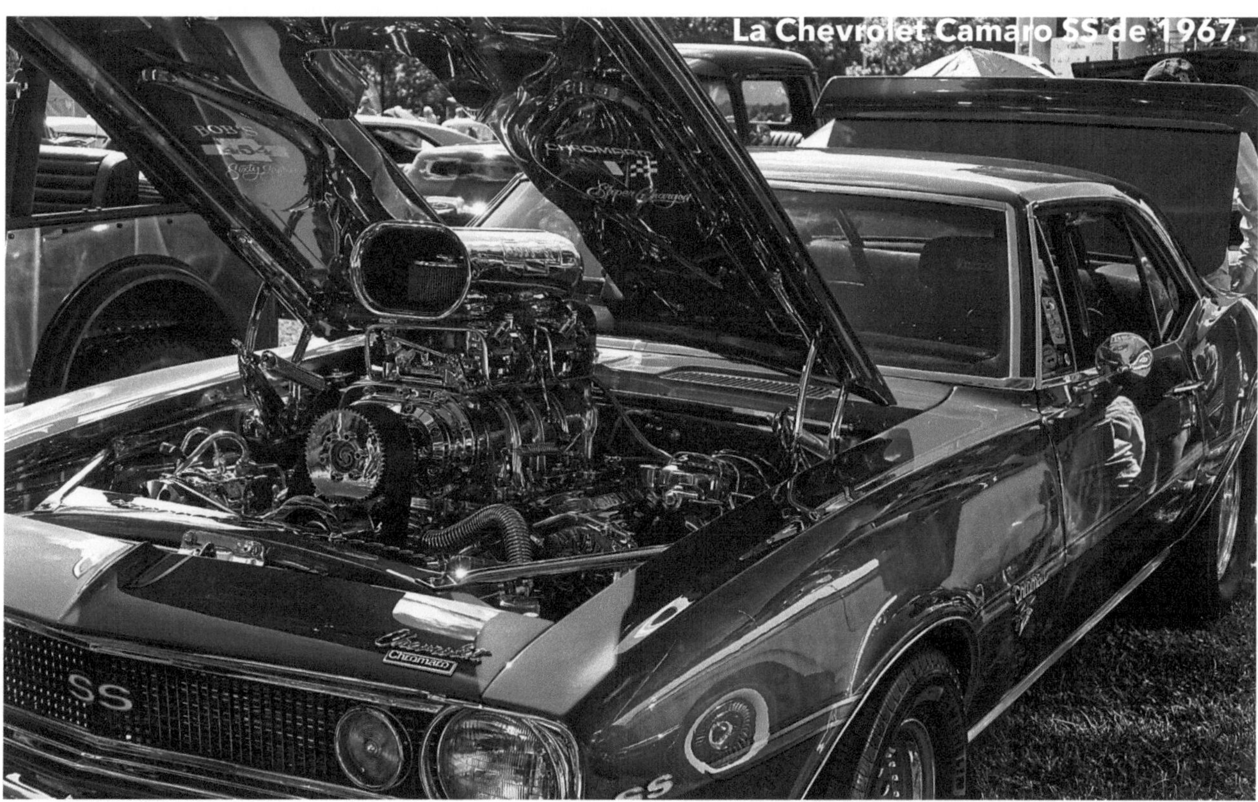

La Chevrolet Camaro SS de 1967.

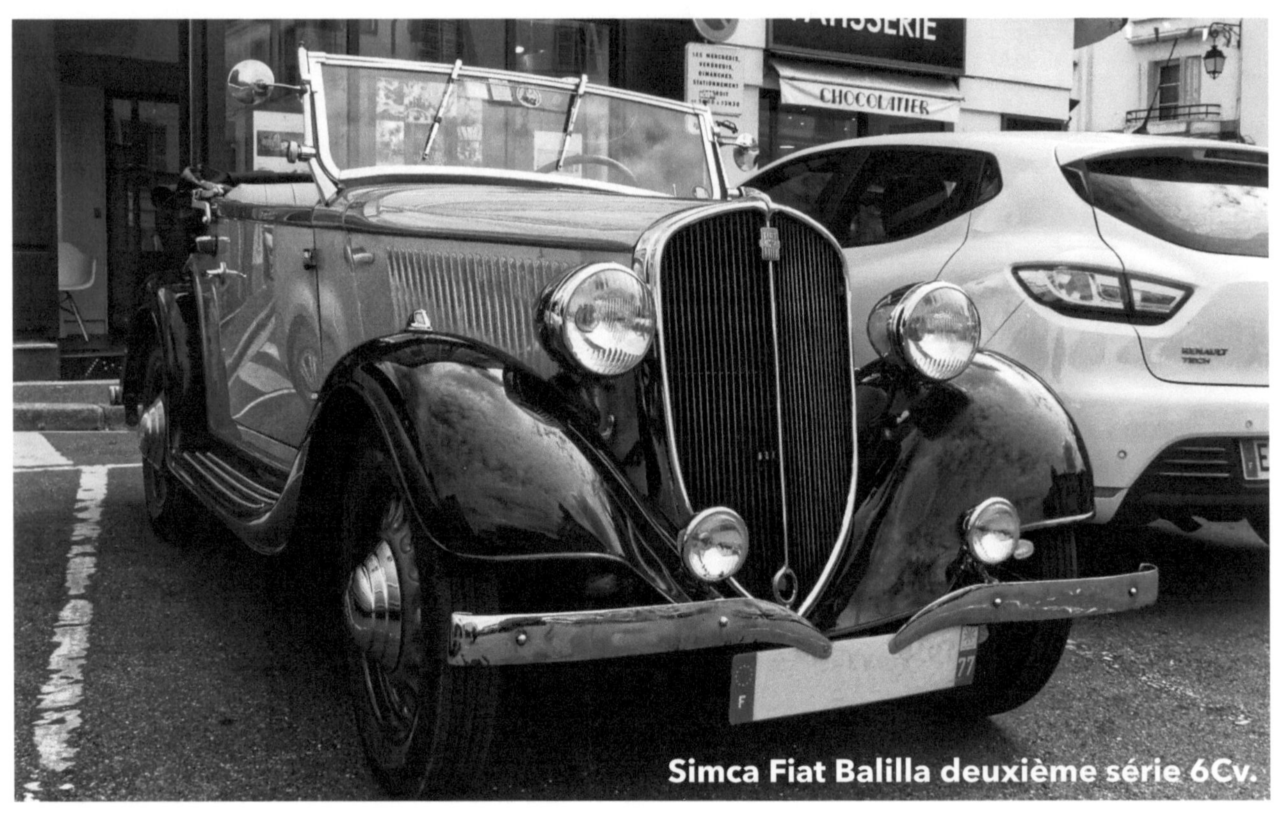

Simca Fiat Balilla deuxième série 6Cv.

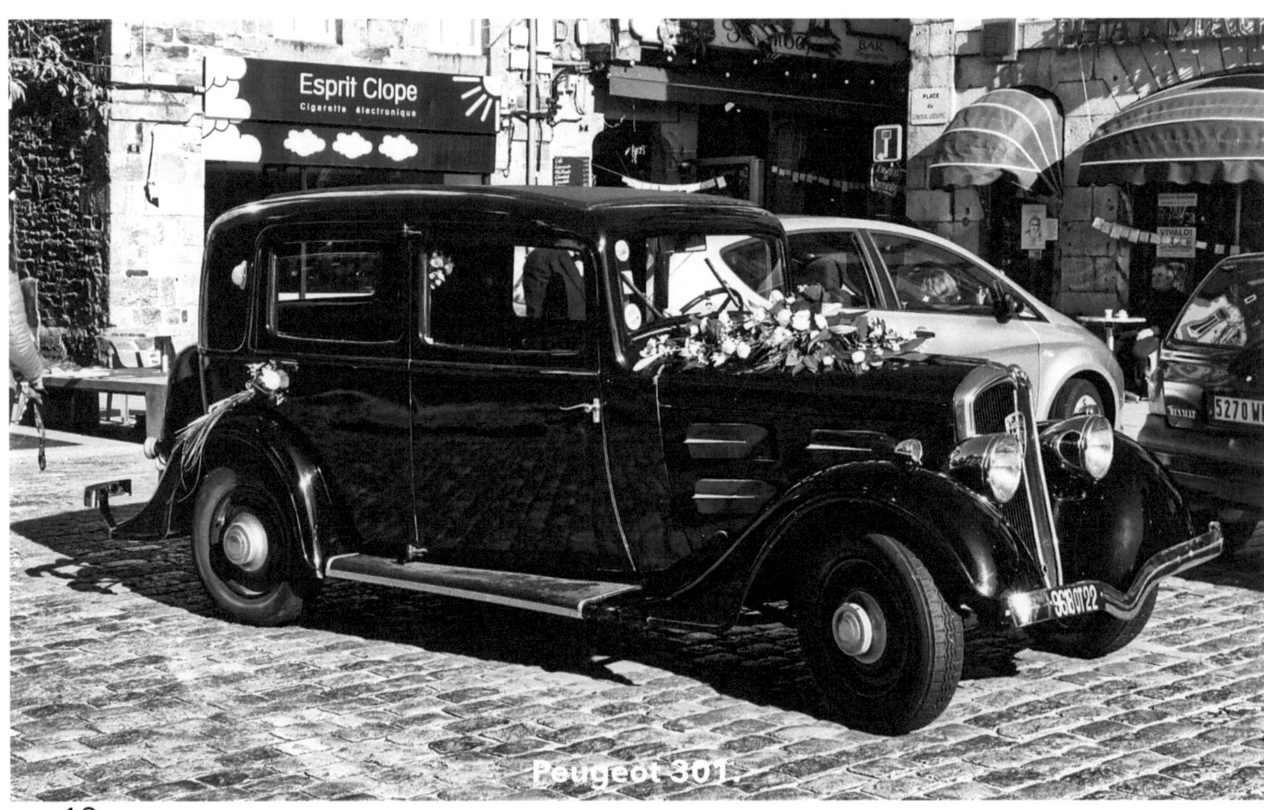

Peugeot 301.

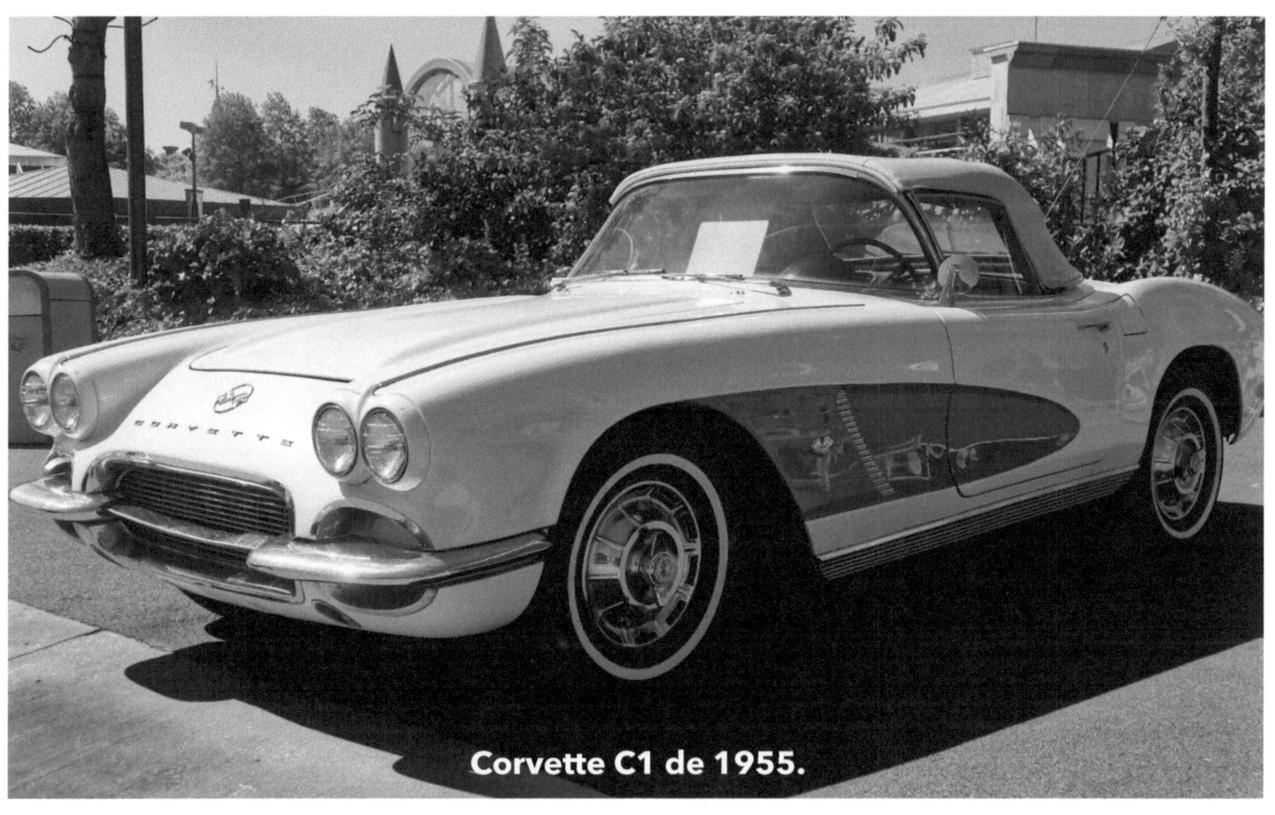

Corvette C1 de 1955.

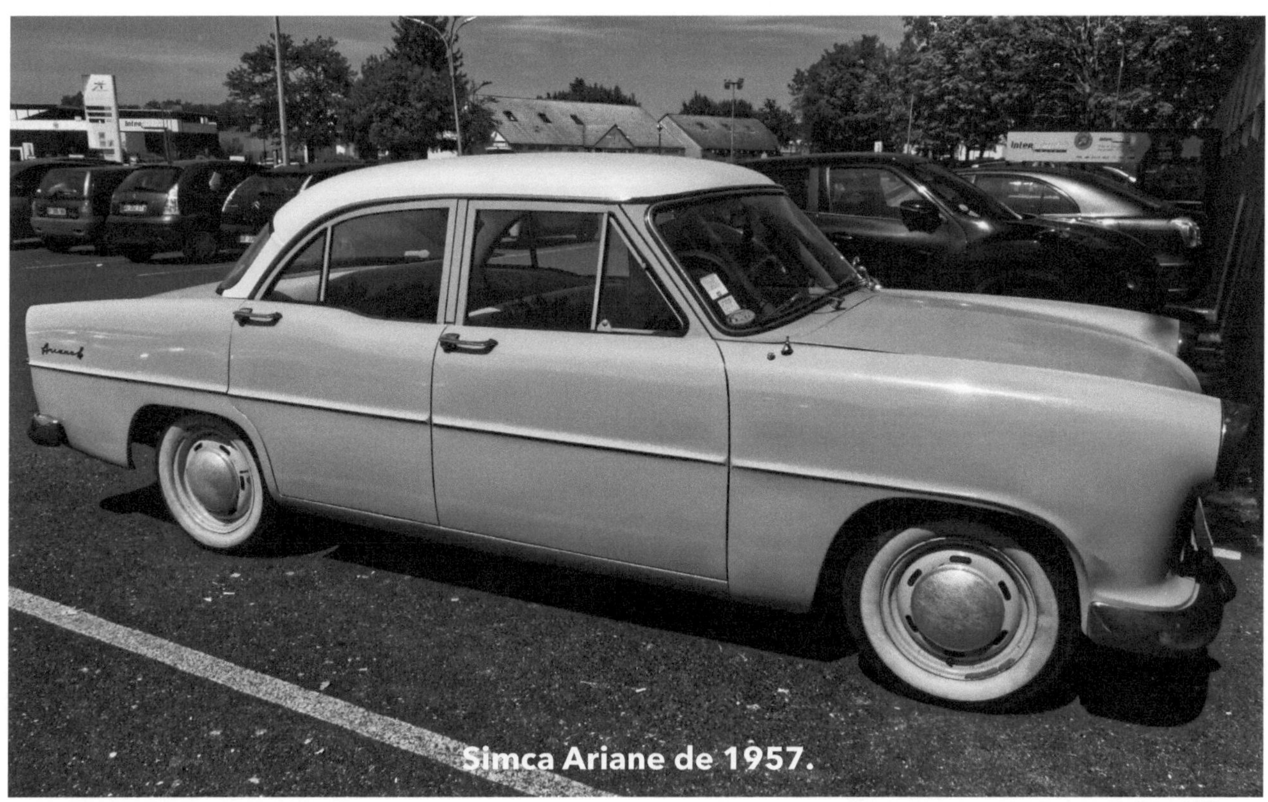

Simca Ariane de 1957.

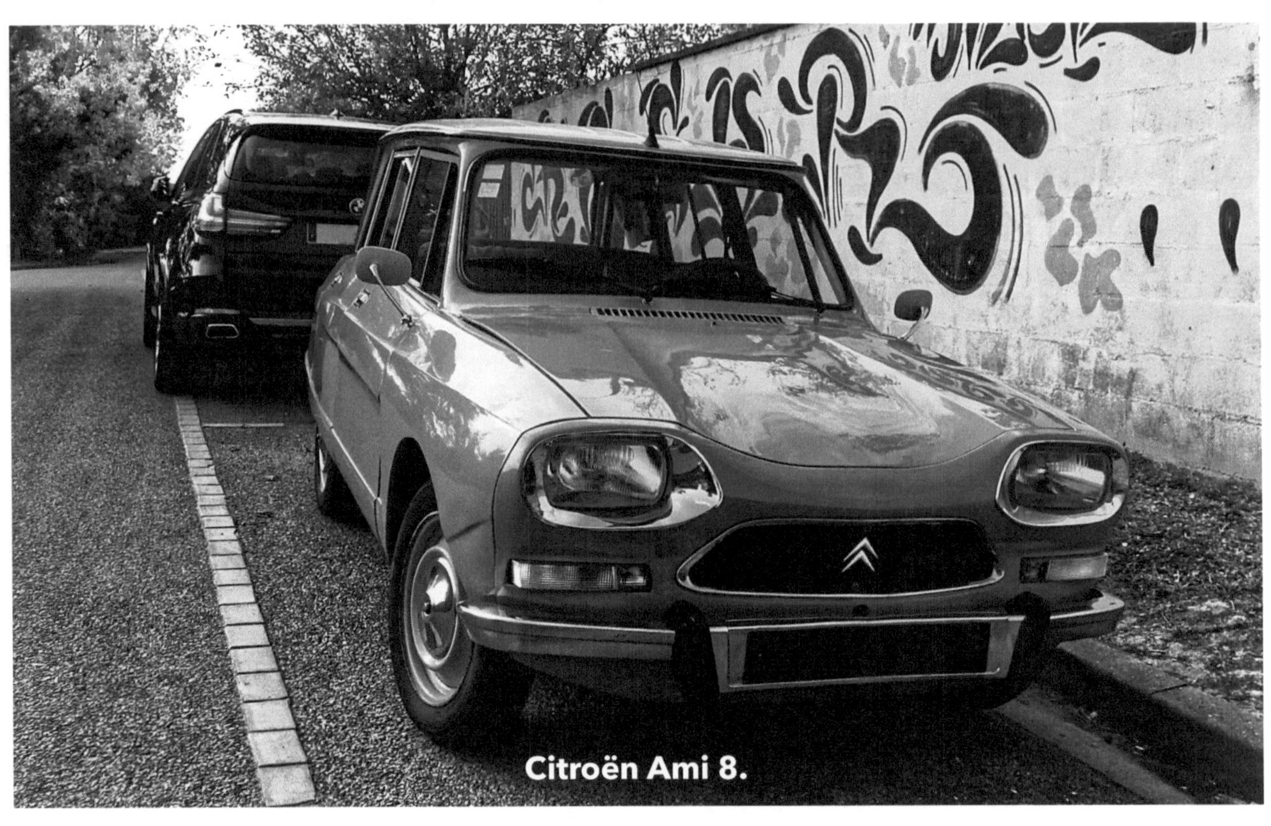

Citroën Ami 8.

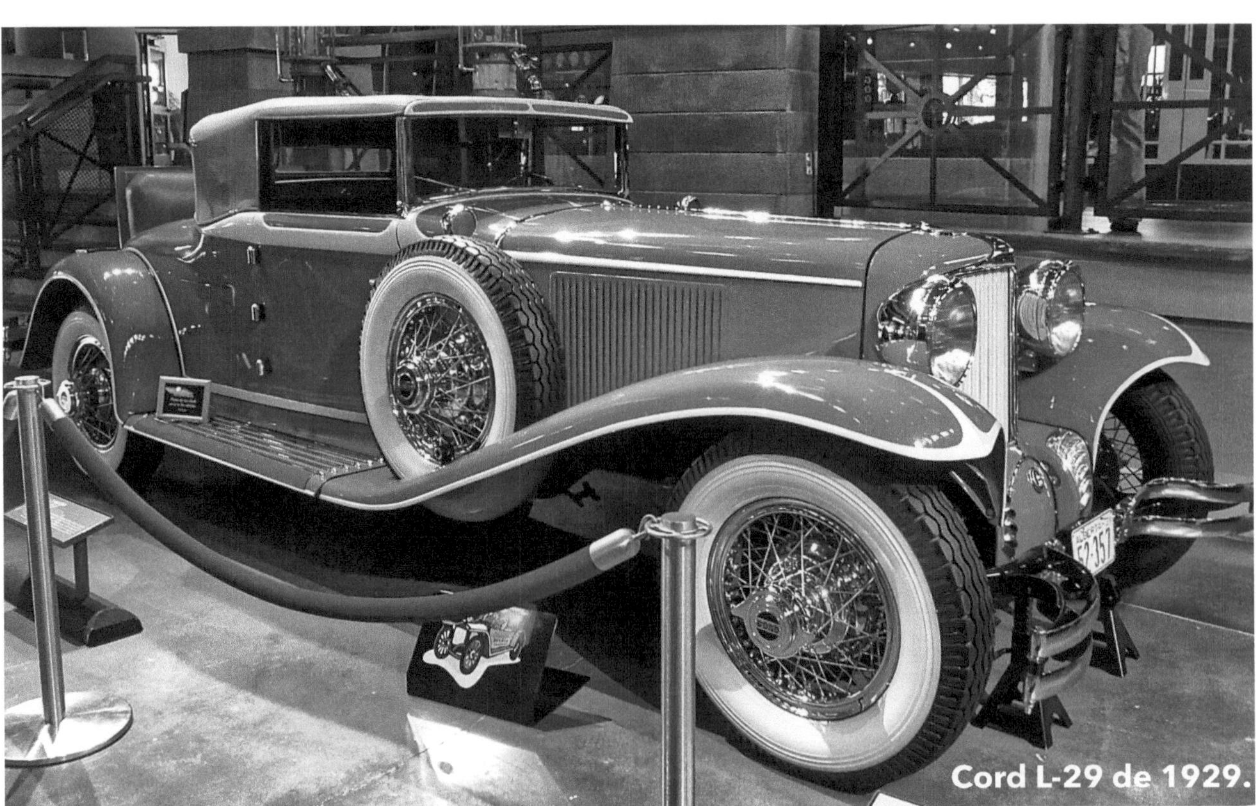

Cord L-29 de 1929.

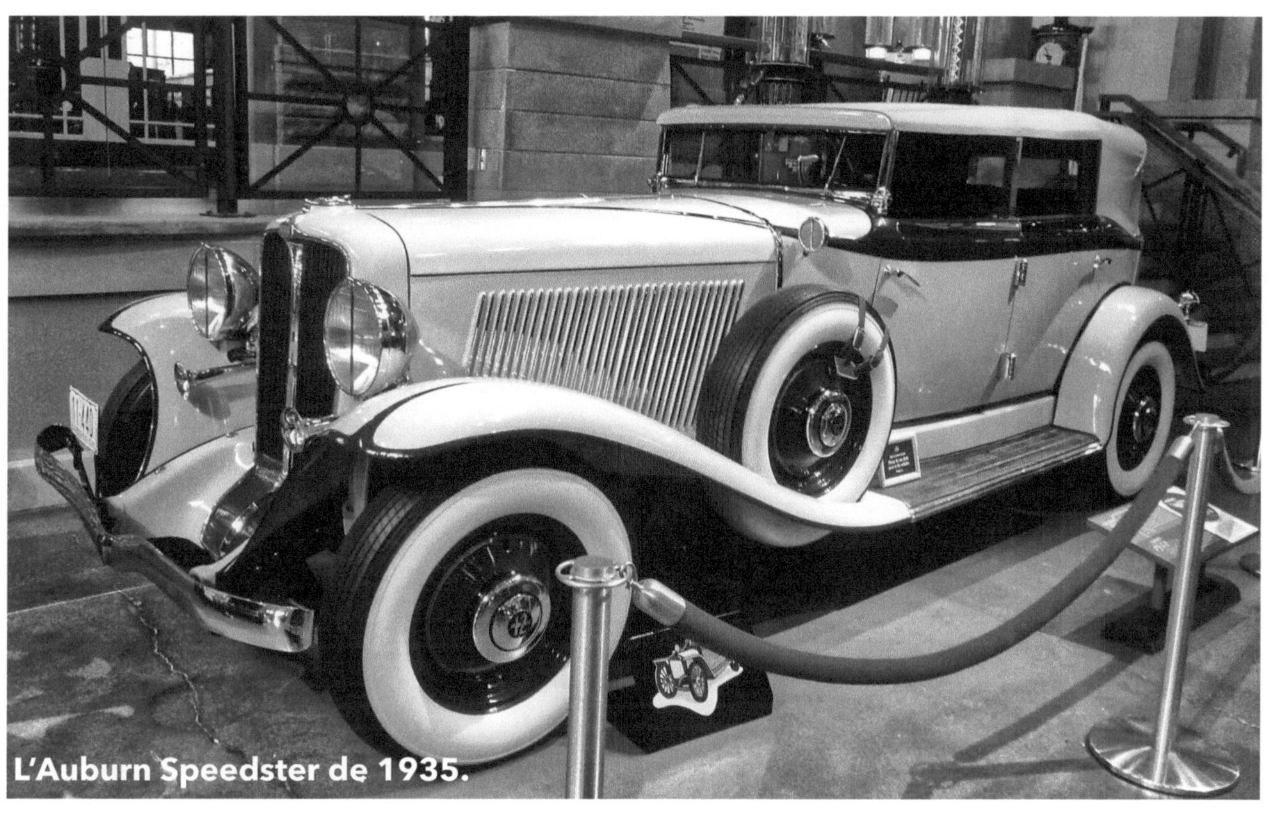

L'Auburn Speedster de 1935.

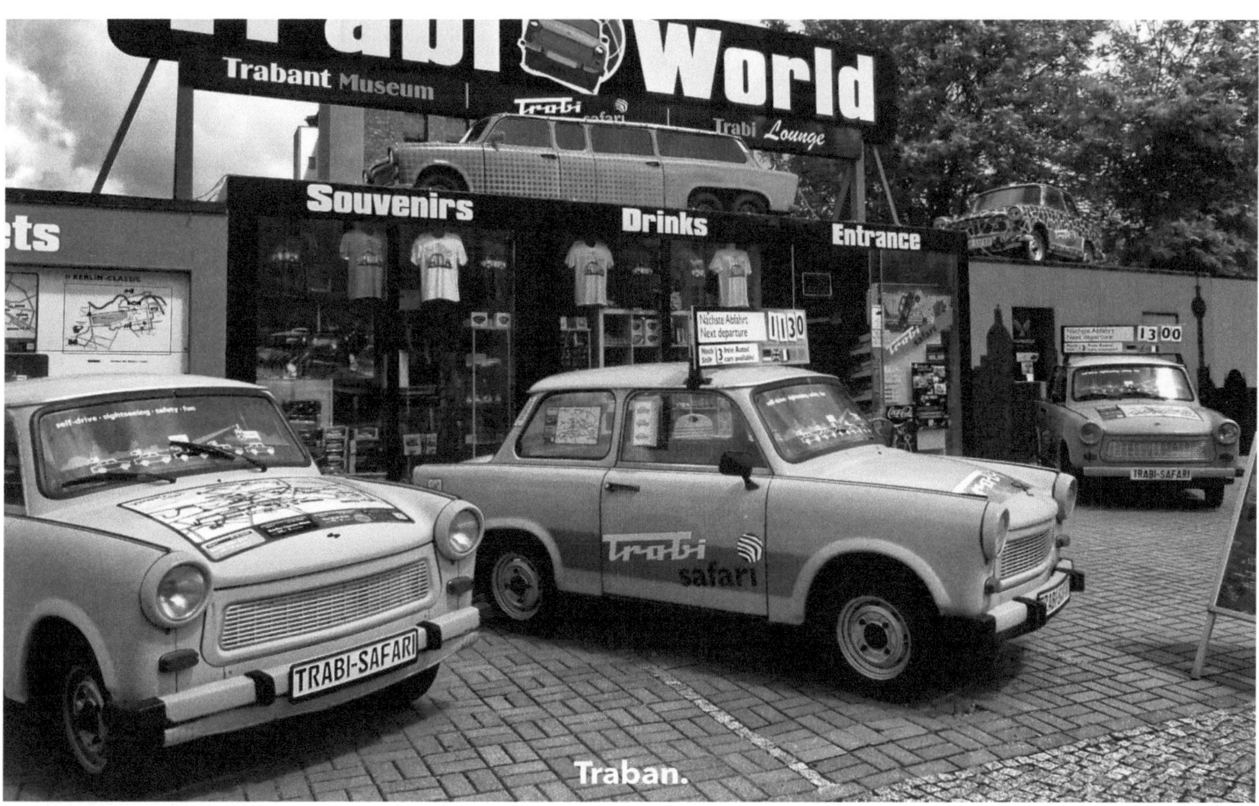

Traban.

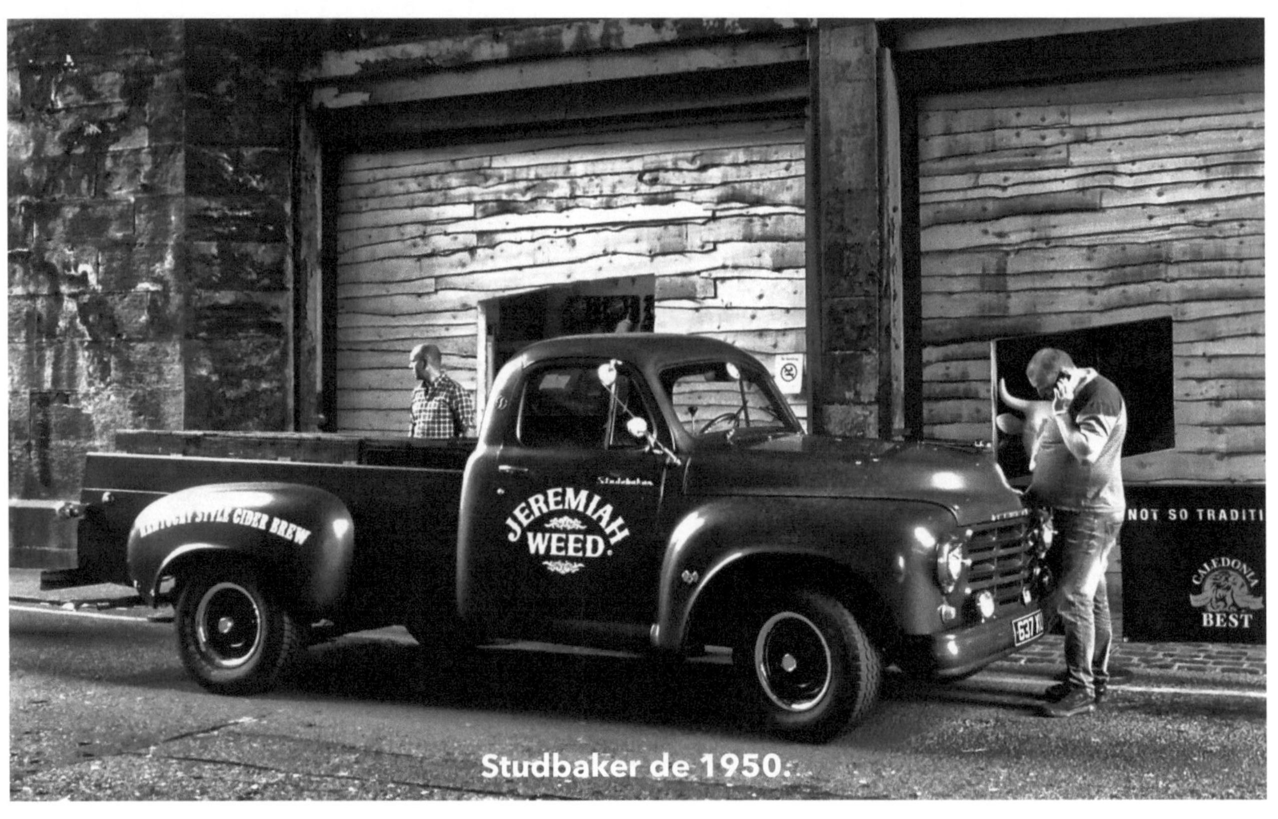

Studbaker de 1950.

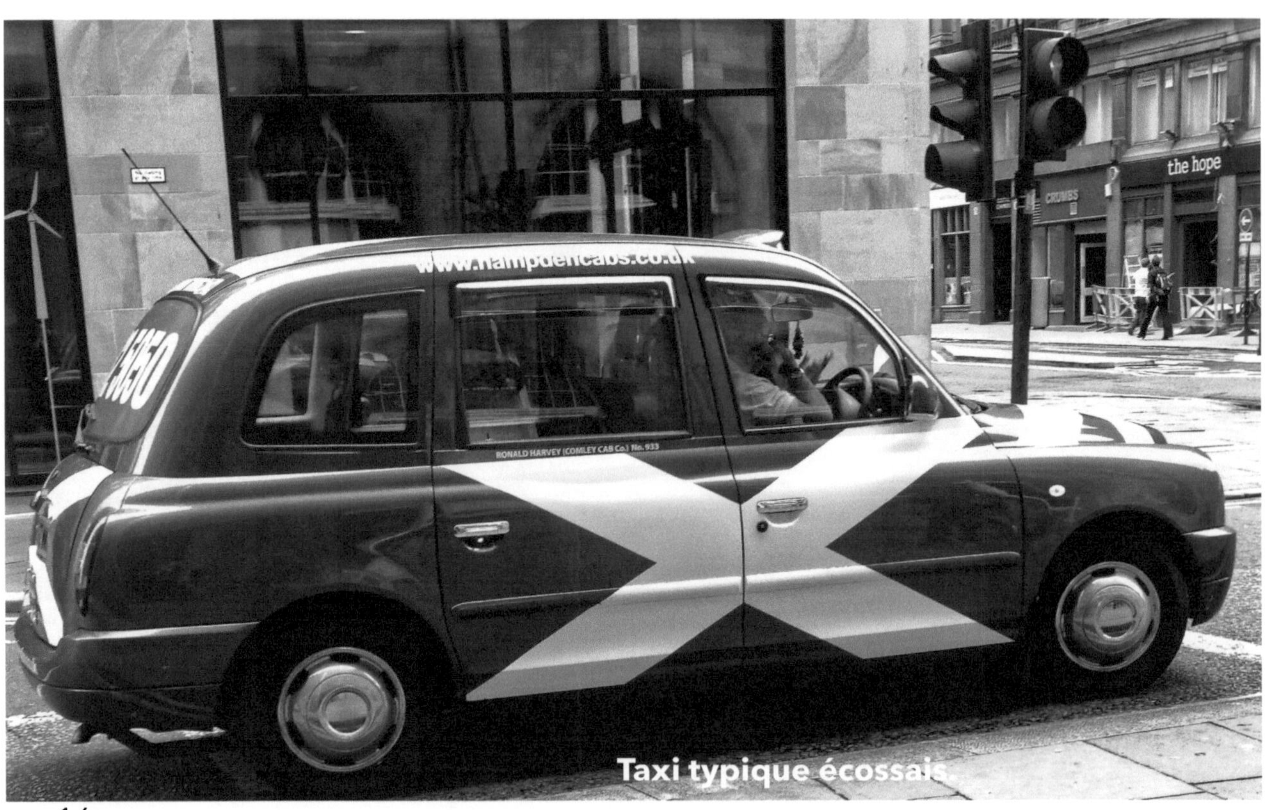

Taxi typique écossais.

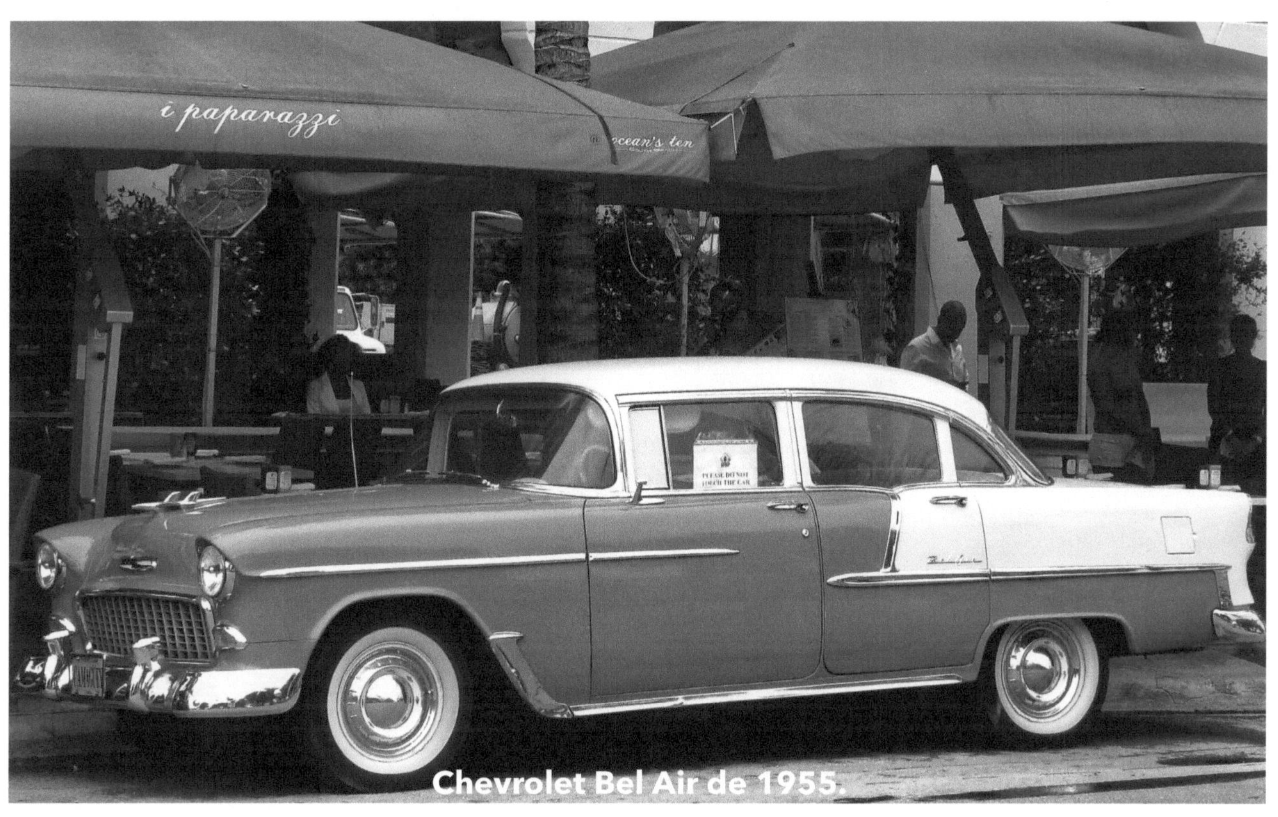

Chevrolet Bel Air de 1955.

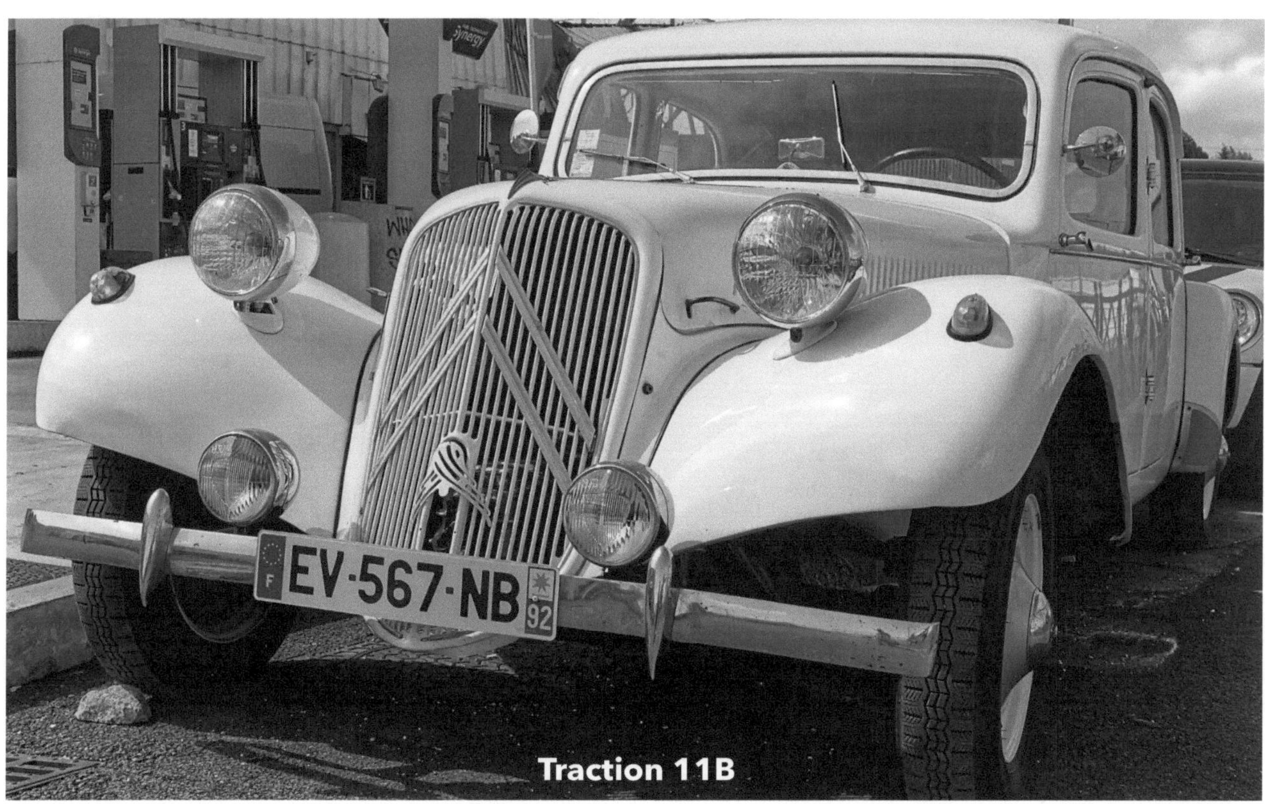

Traction 11B

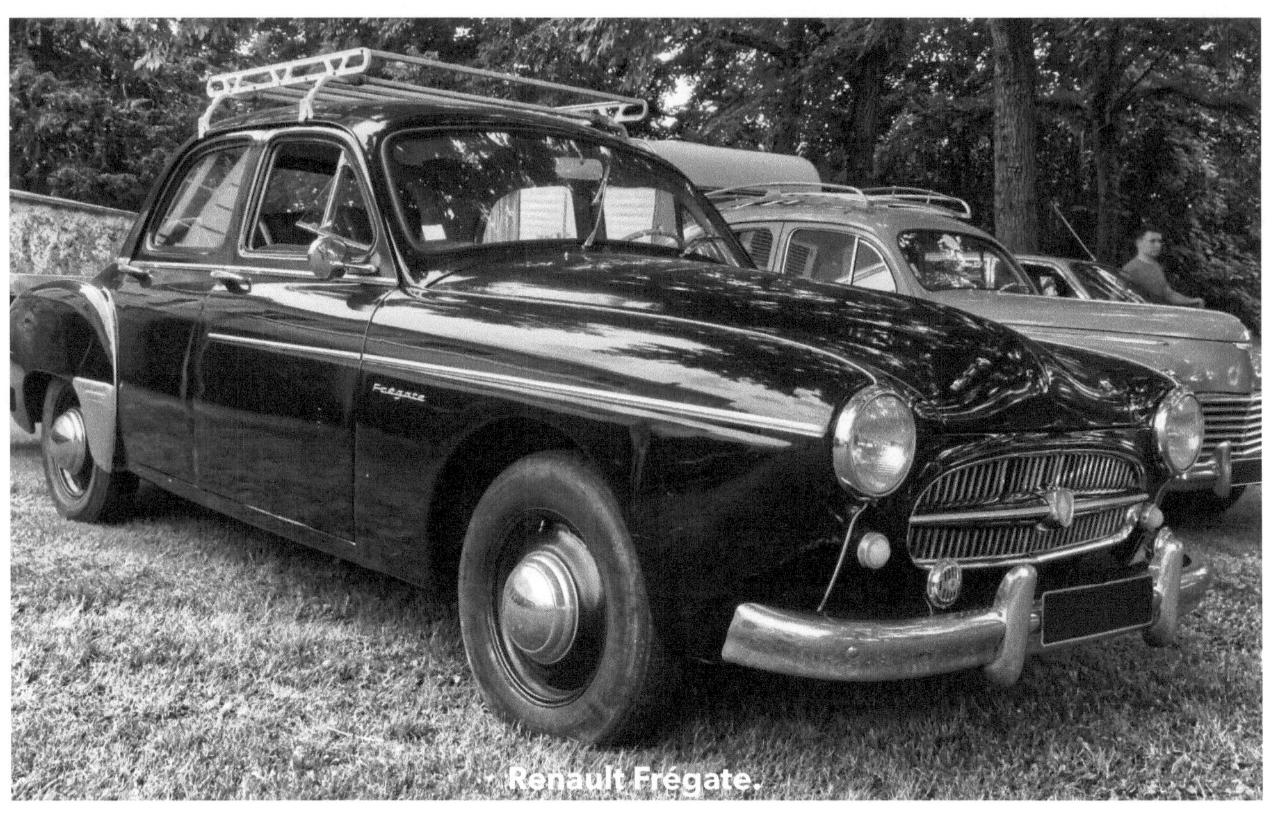

Renault Frégate.

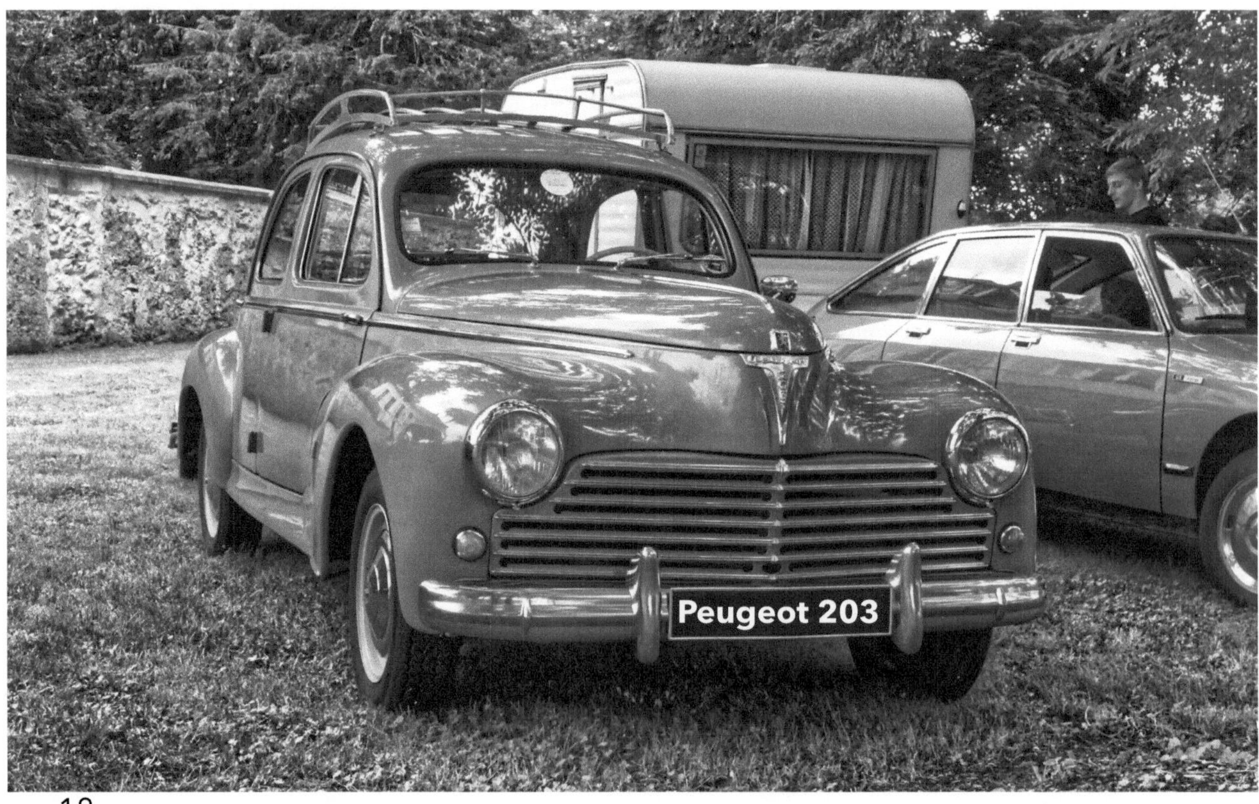

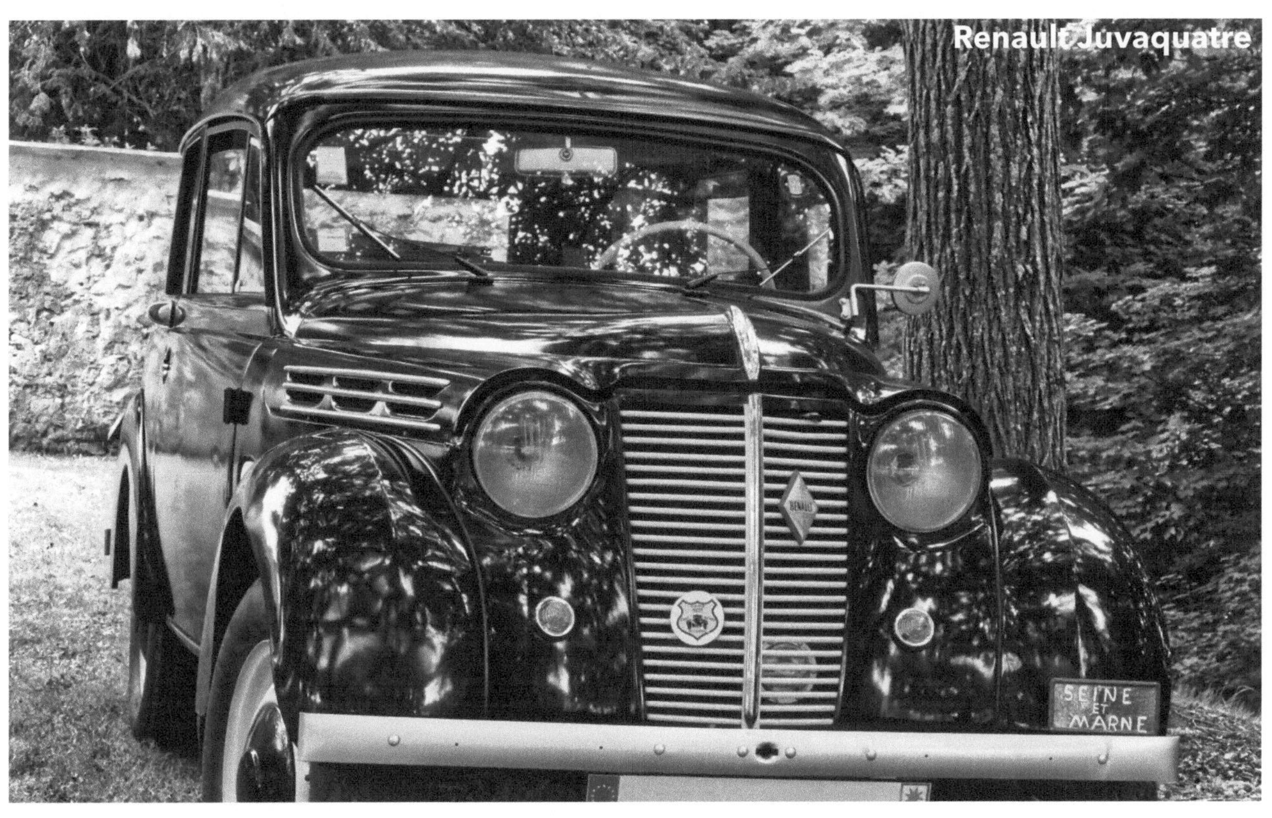

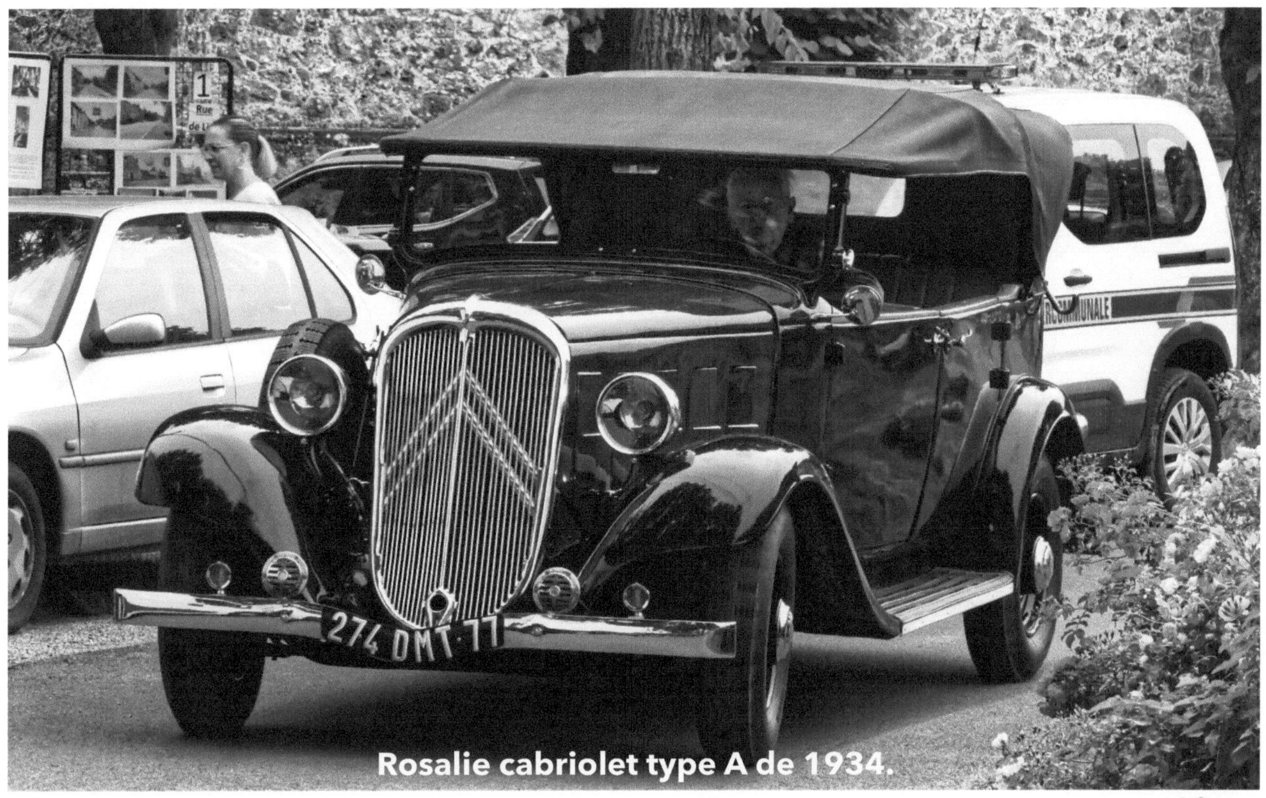

Rosalie cabriolet type A de 1934.

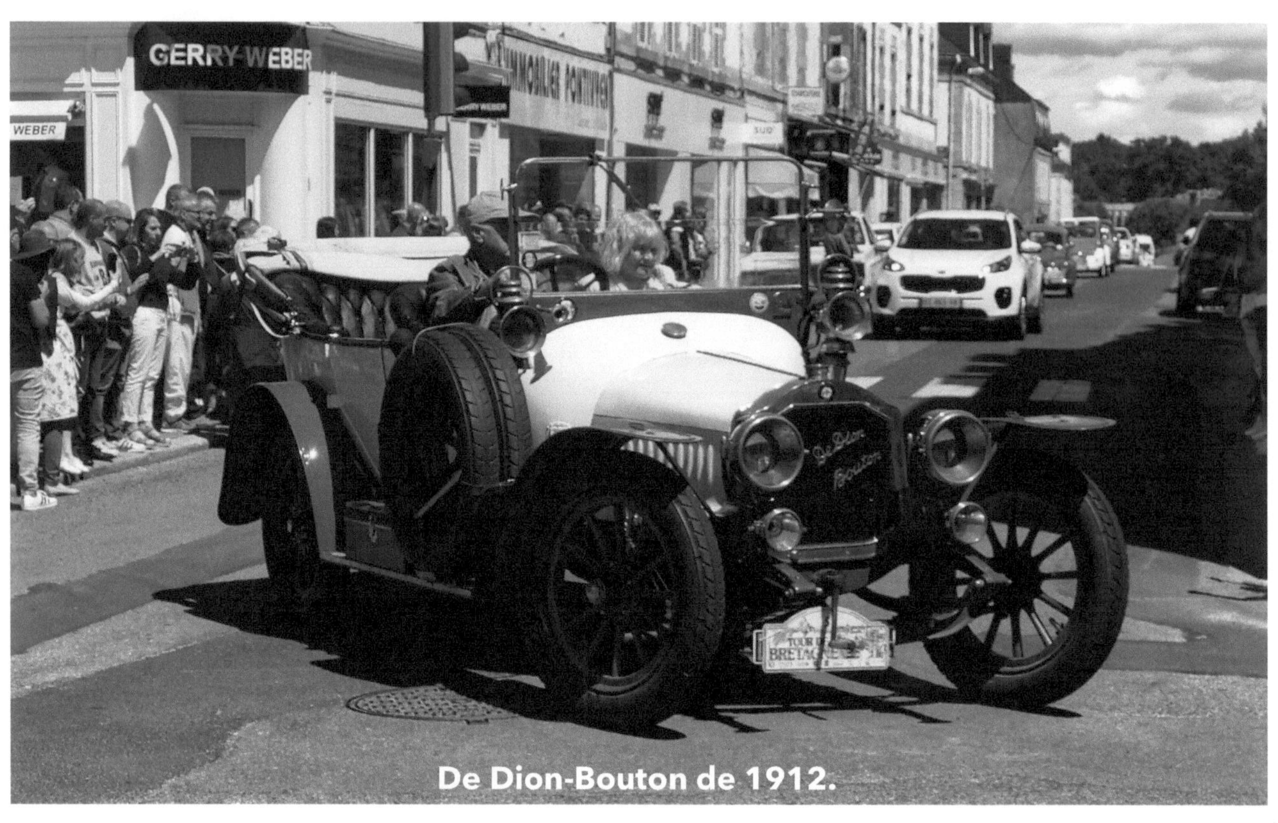

De Dion-Bouton de 1912.

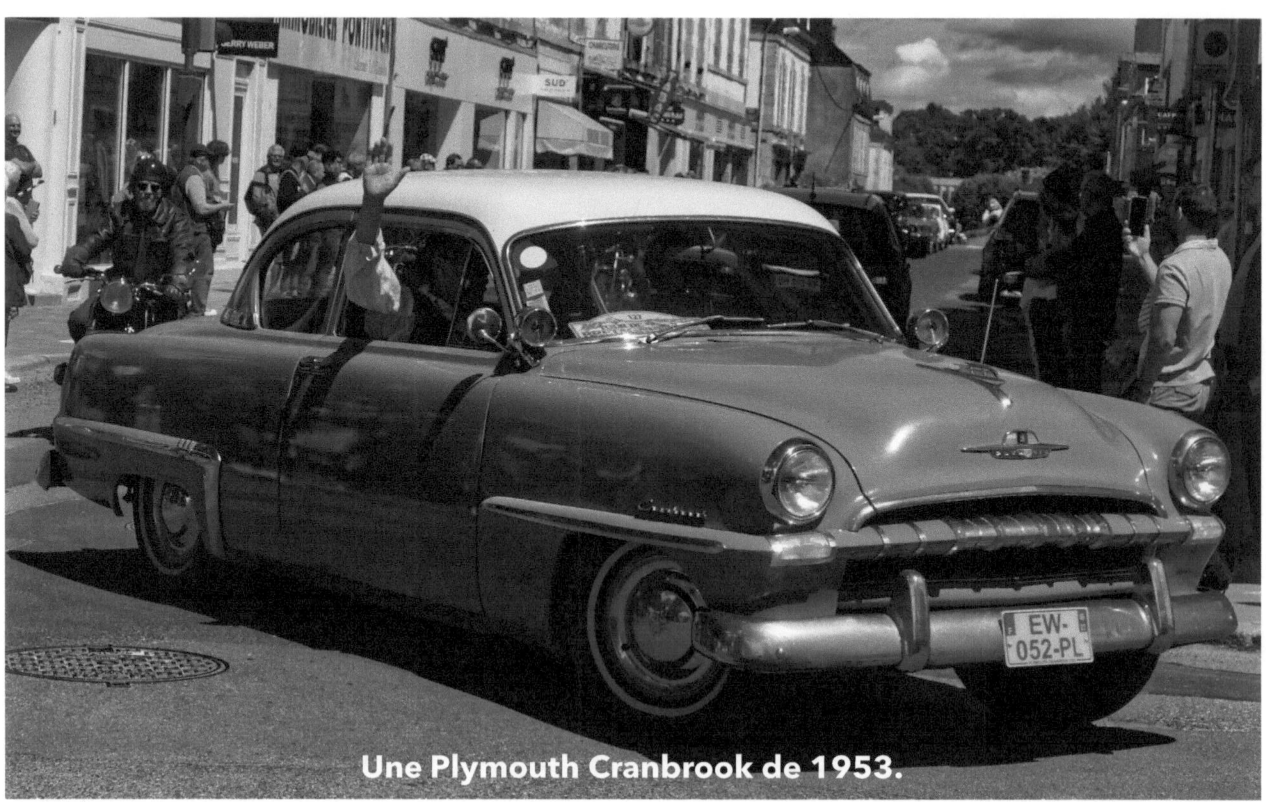

Une Plymouth Cranbrook de 1953.

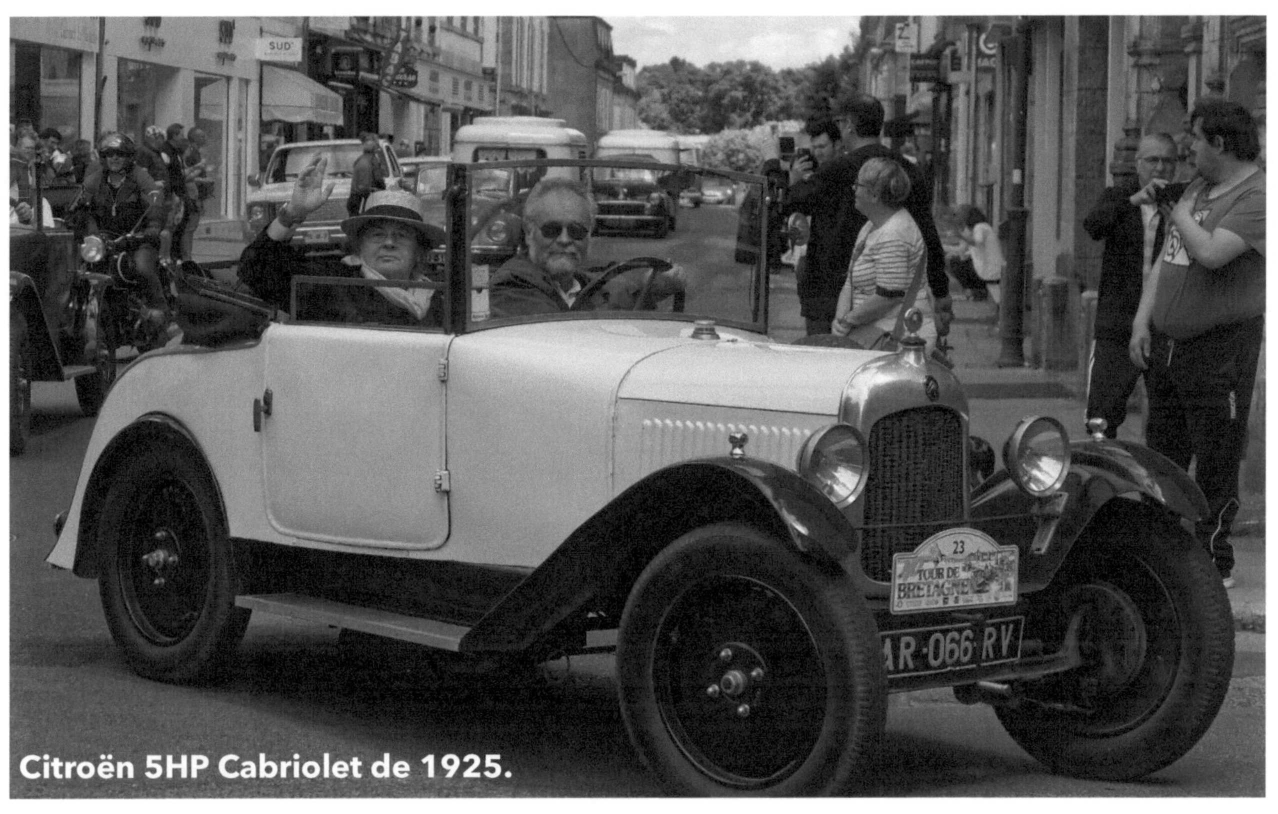

Citroën 5HP Cabriolet de 1925.

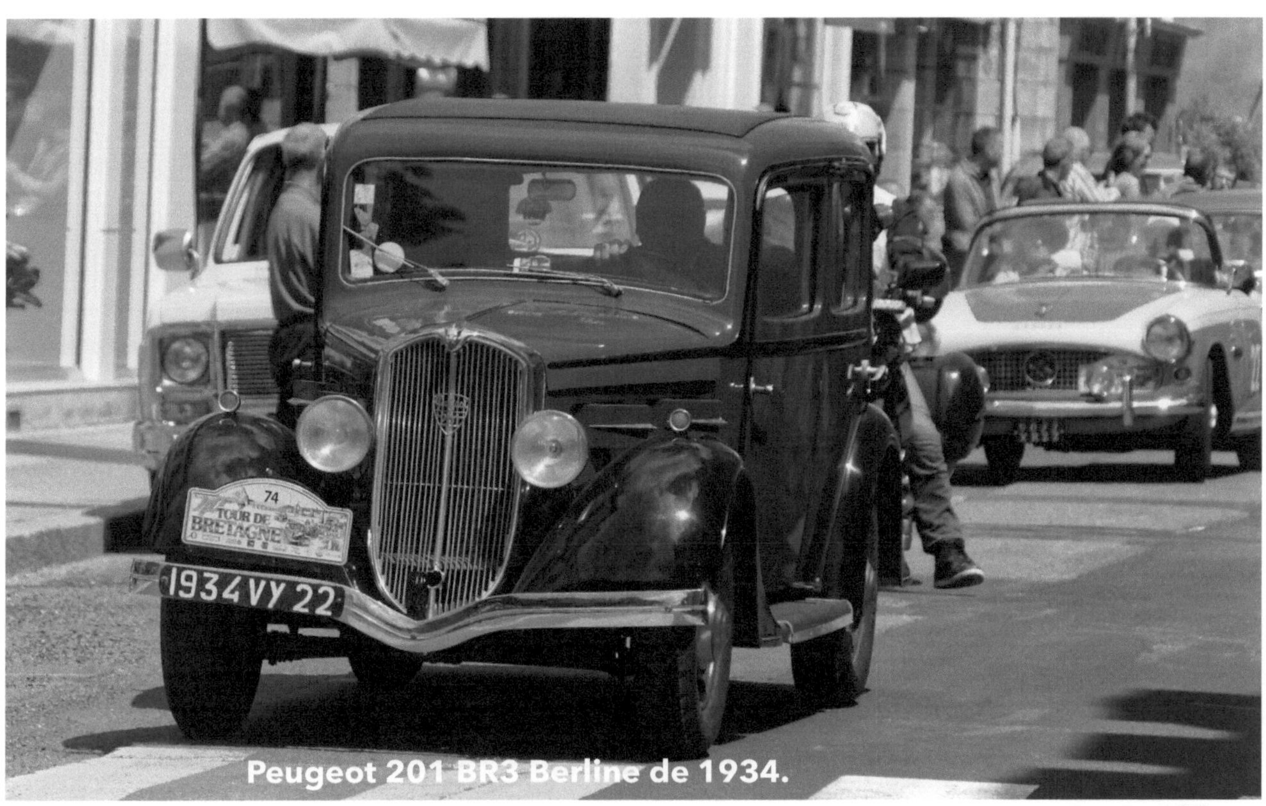

Peugeot 201 BR3 Berline de 1934.

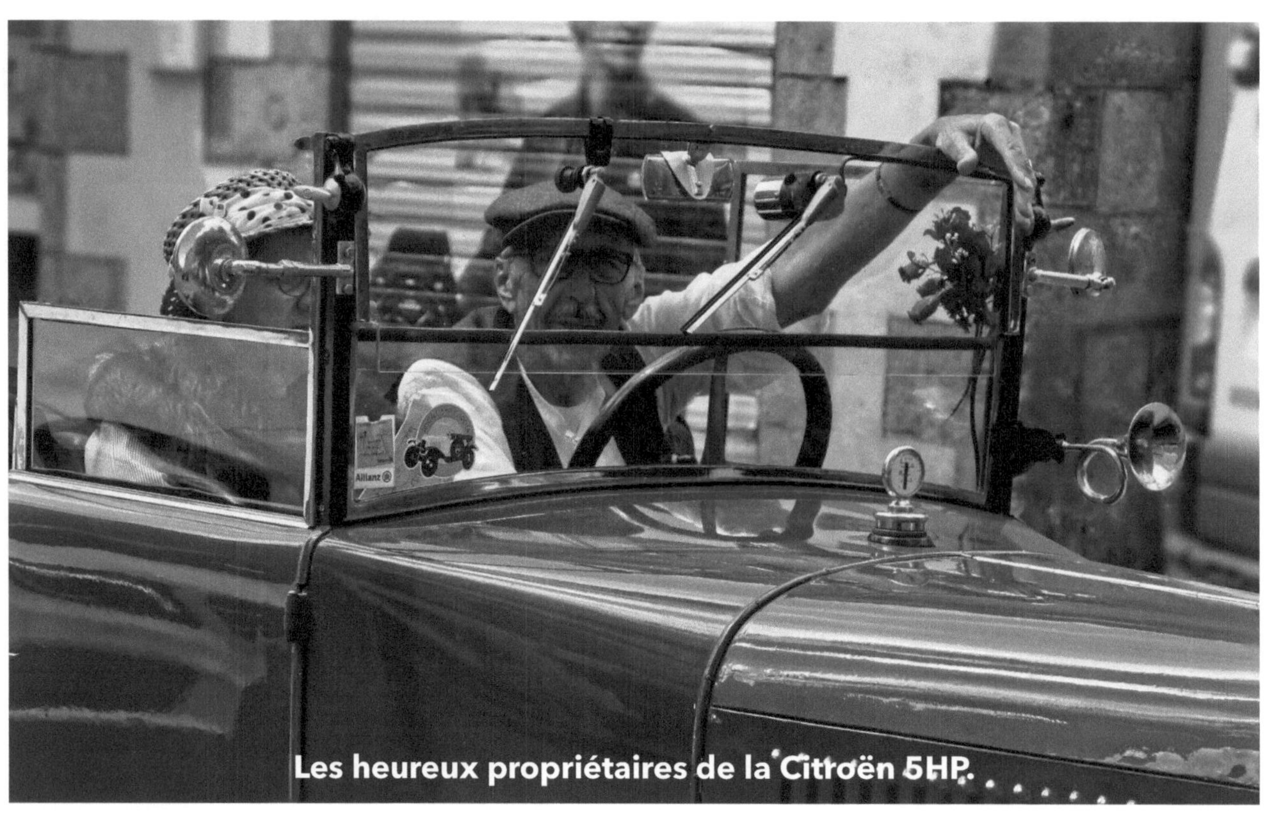

Les heureux propriétaires de la Citroën 5HP.

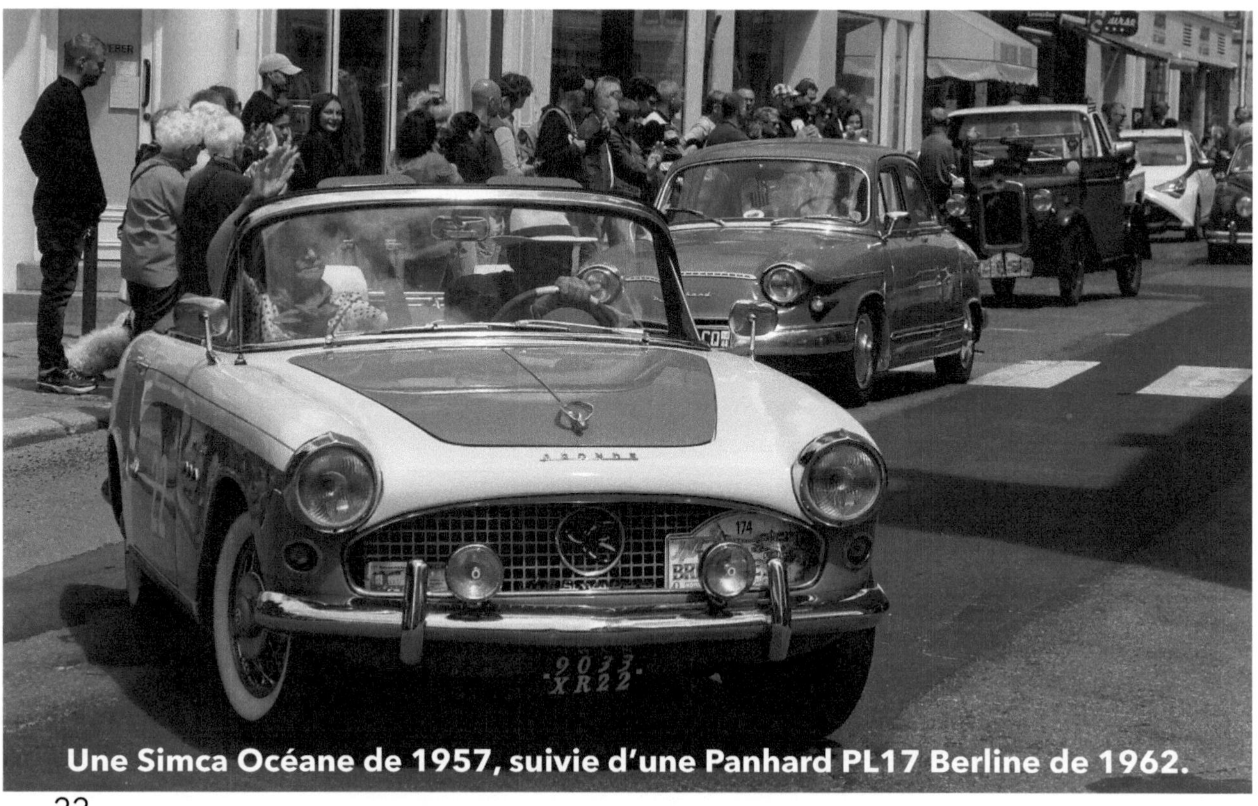

Une Simca Océane de 1957, suivie d'une Panhard PL17 Berline de 1962.

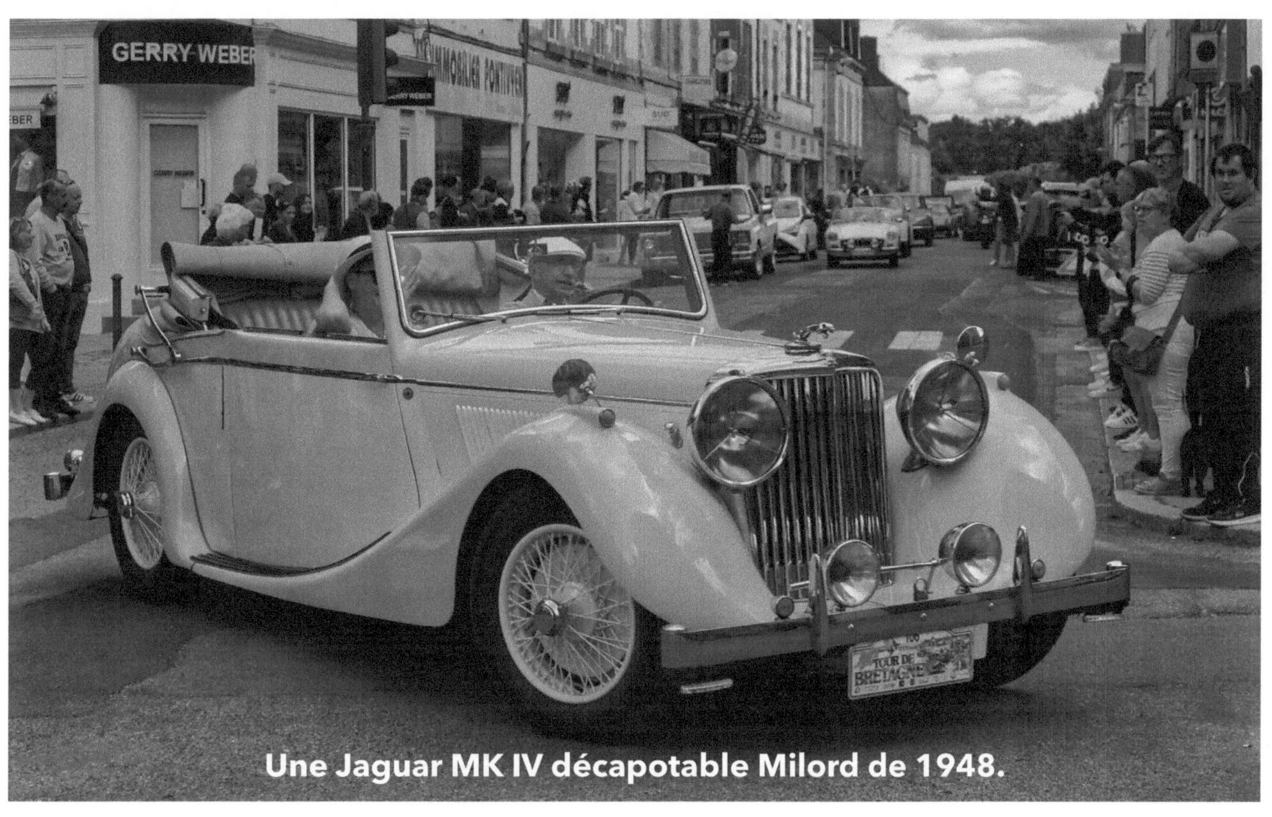

Une Jaguar MK IV décapotable Milord de 1948.

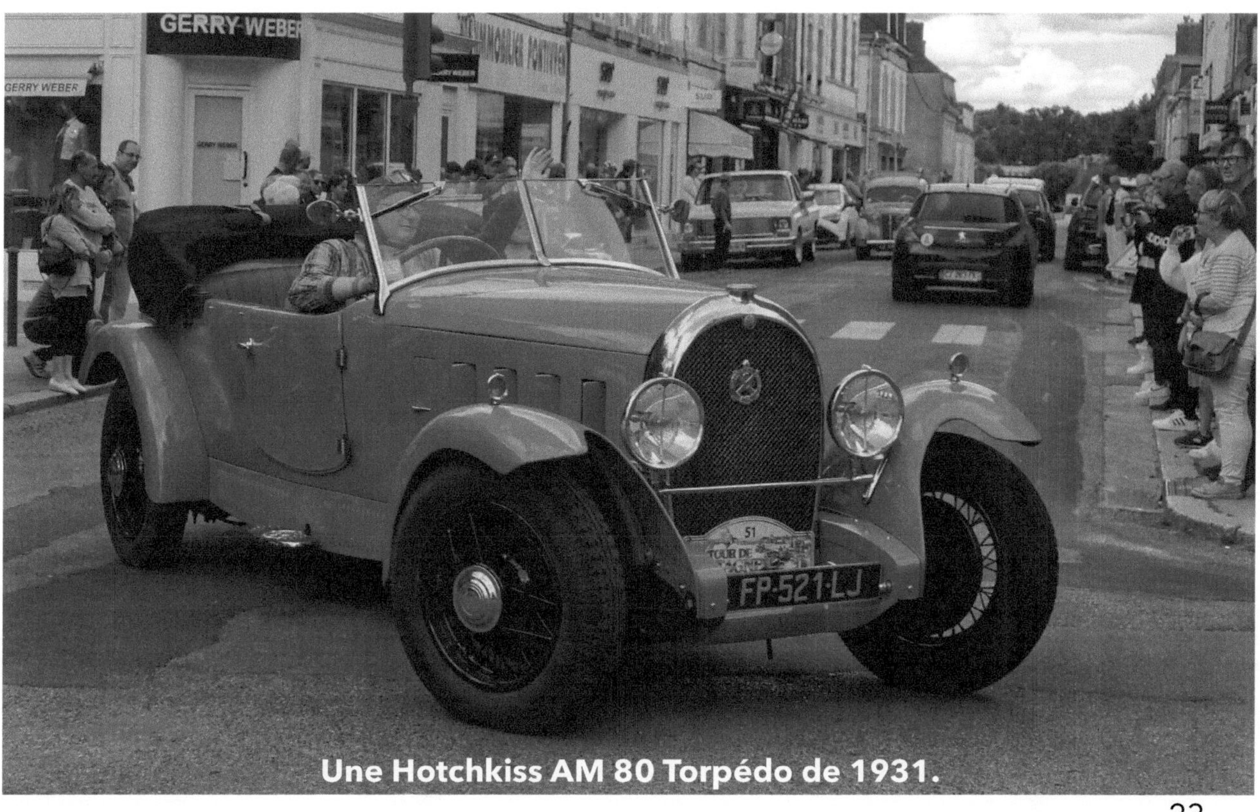

Une Hotchkiss AM 80 Torpédo de 1931.

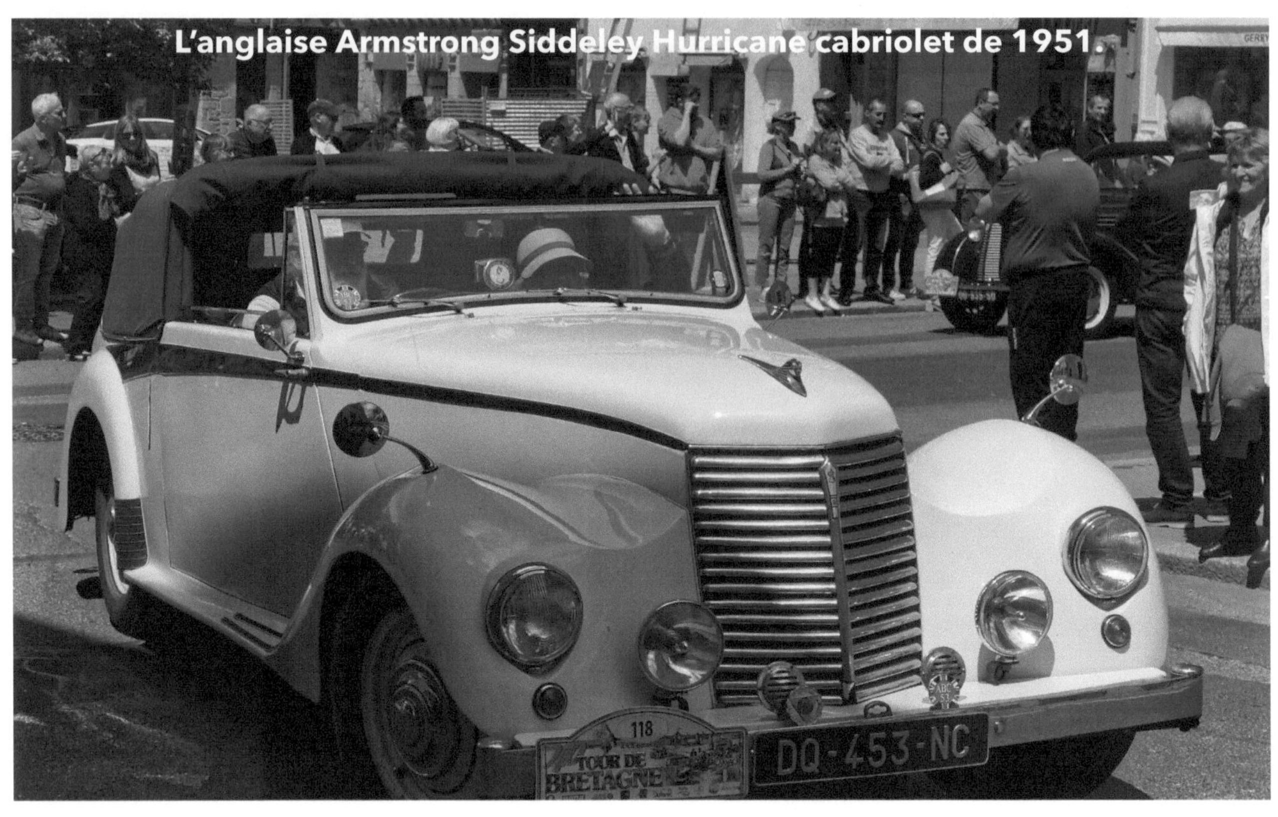

L'anglaise Armstrong Siddeley Hurricane cabriolet de 1951.

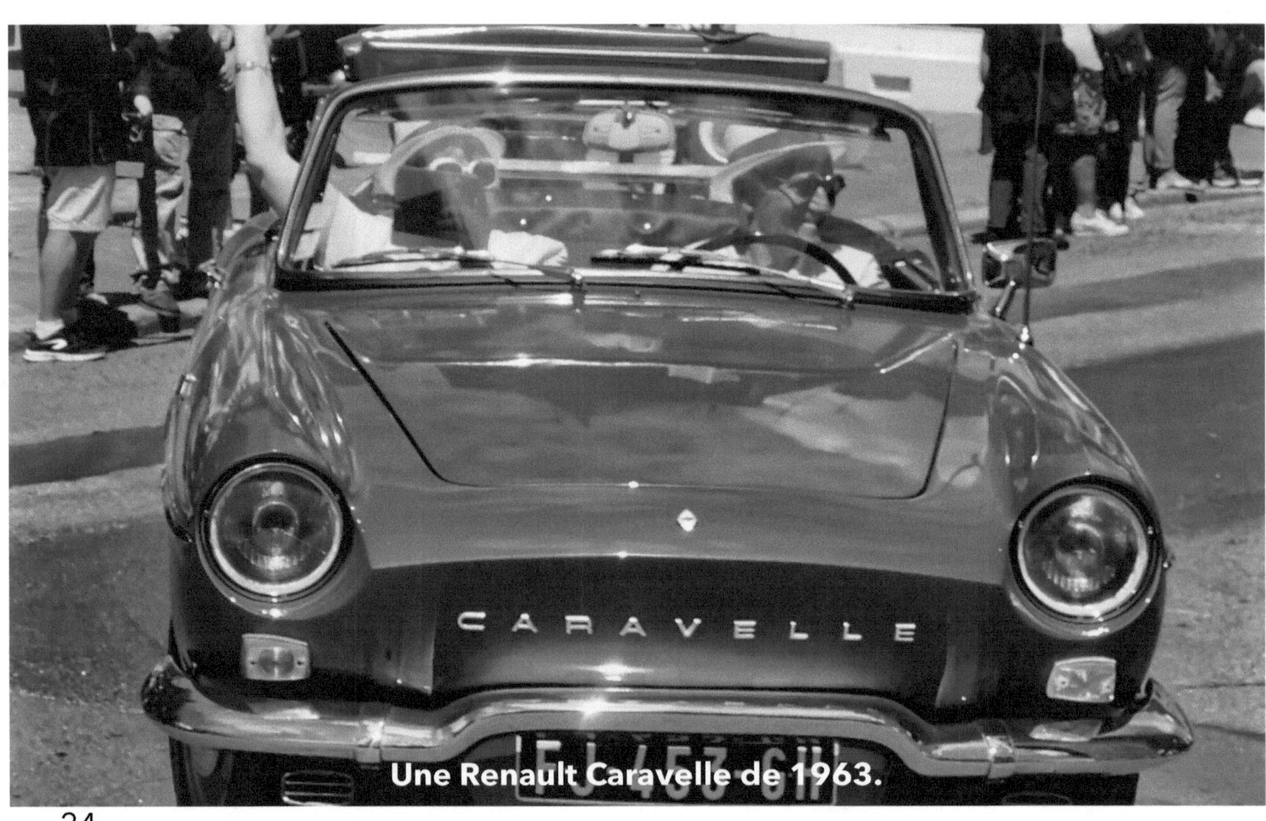

Une Renault Caravelle de 1963.

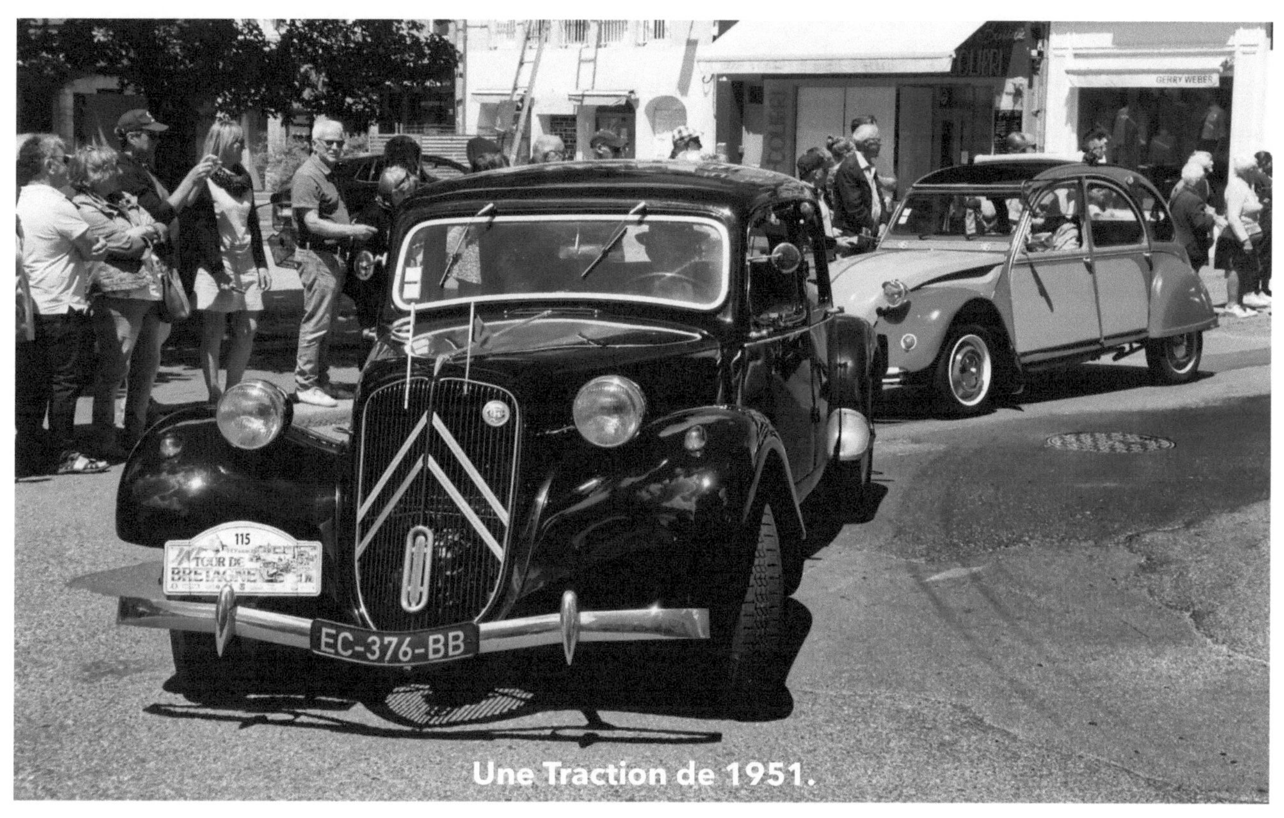

Une Traction de 1951.

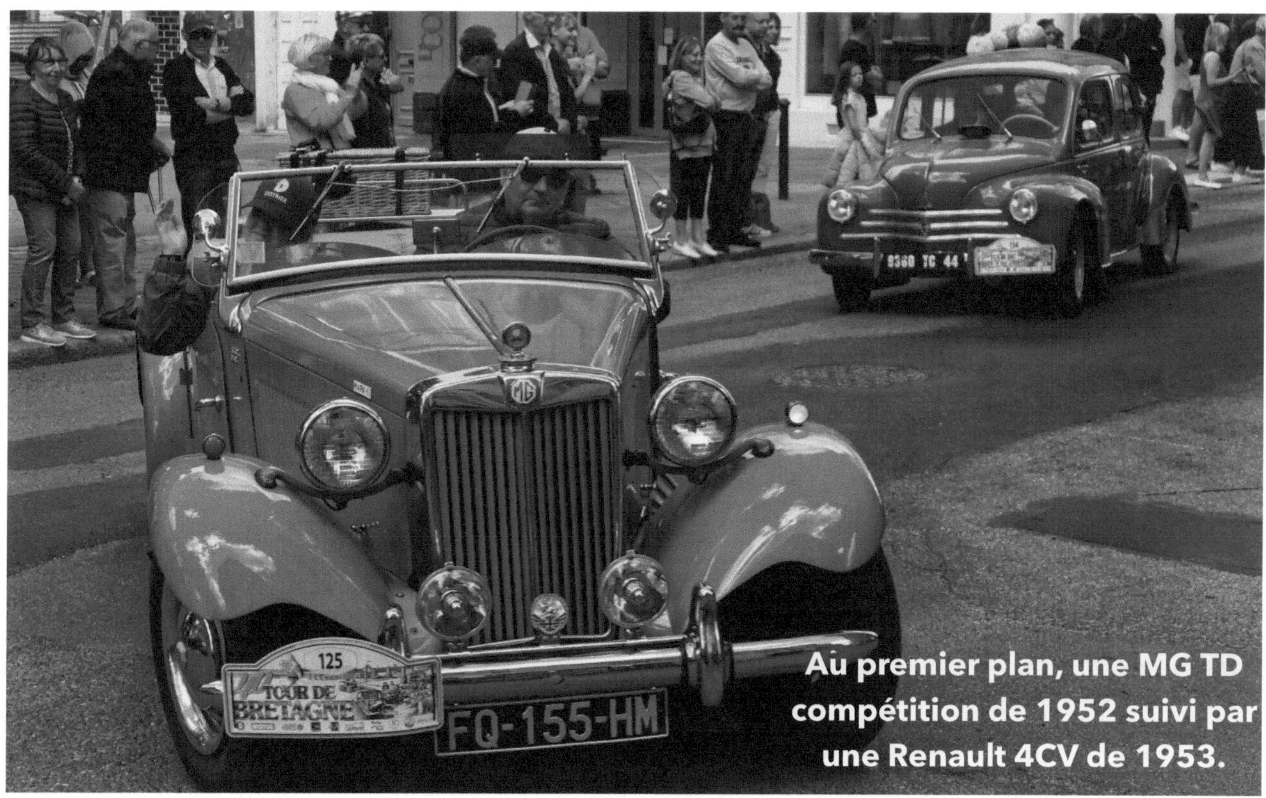

Au premier plan, une MG TD compétition de 1952 suivi par une Renault 4CV de 1953.

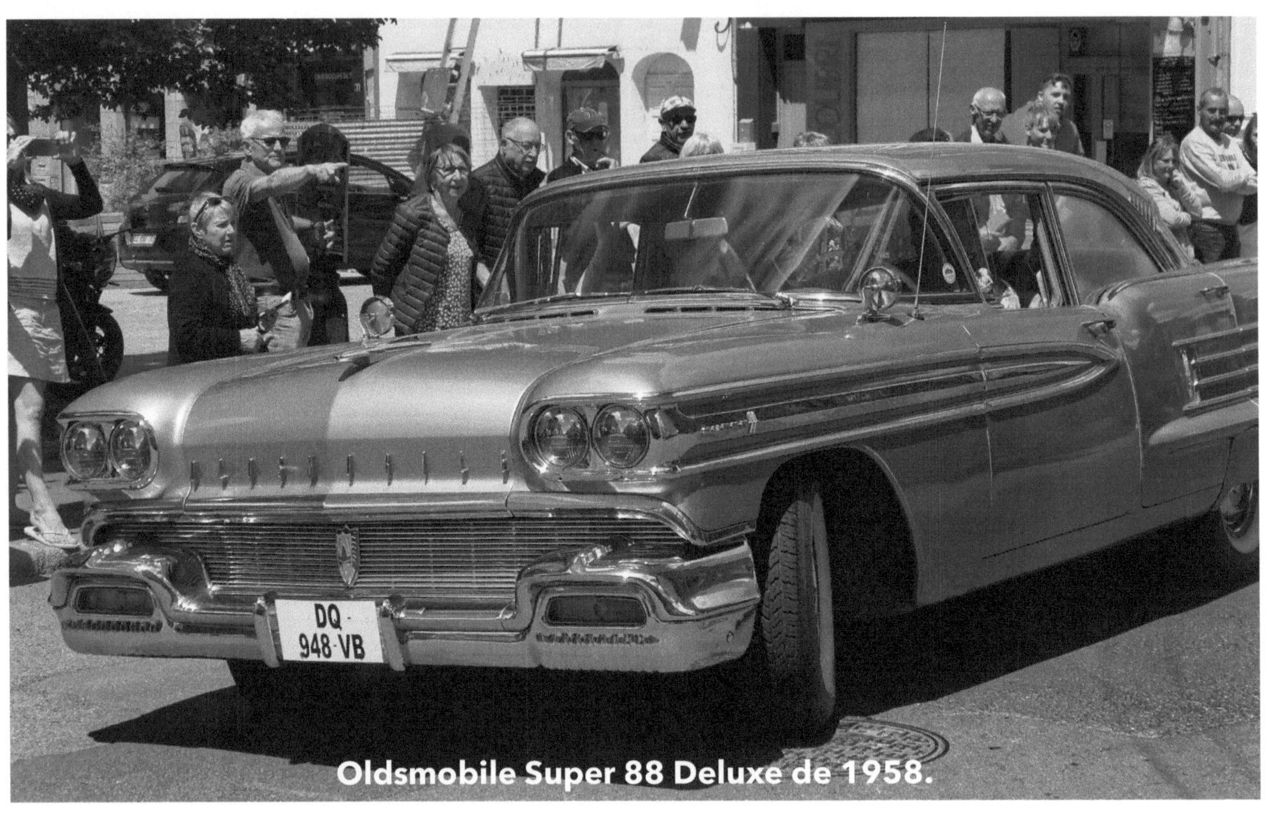

Oldsmobile Super 88 Deluxe de 1958.

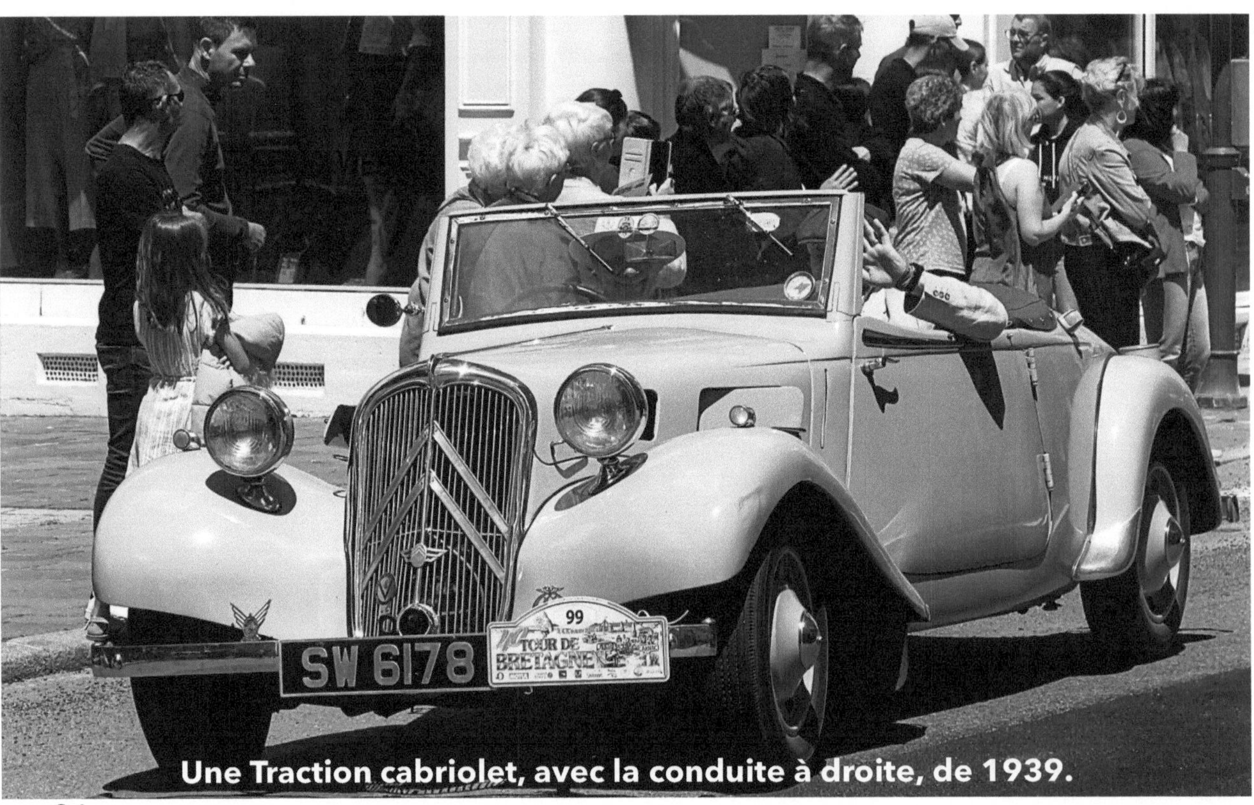

Une Traction cabriolet, avec la conduite à droite, de 1939.

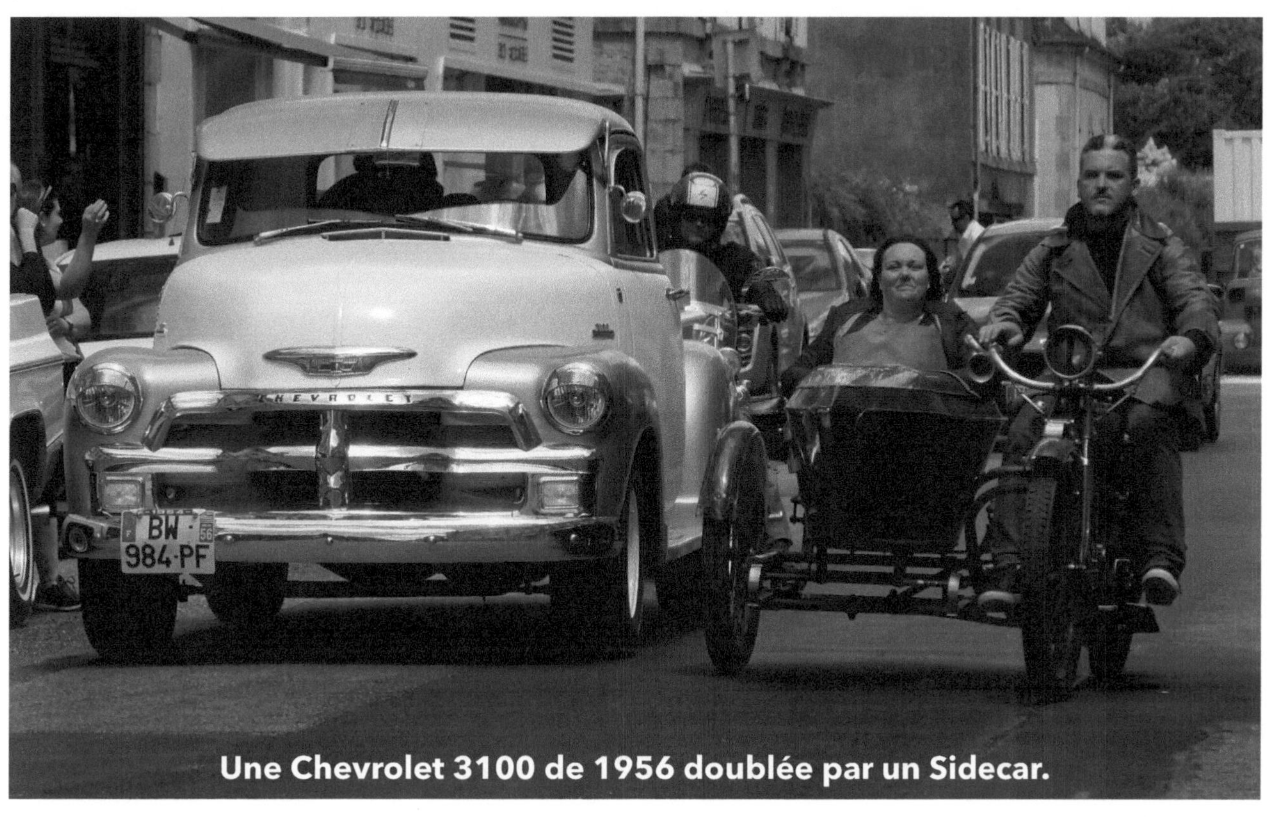

Une Chevrolet 3100 de 1956 doublée par un Sidecar.

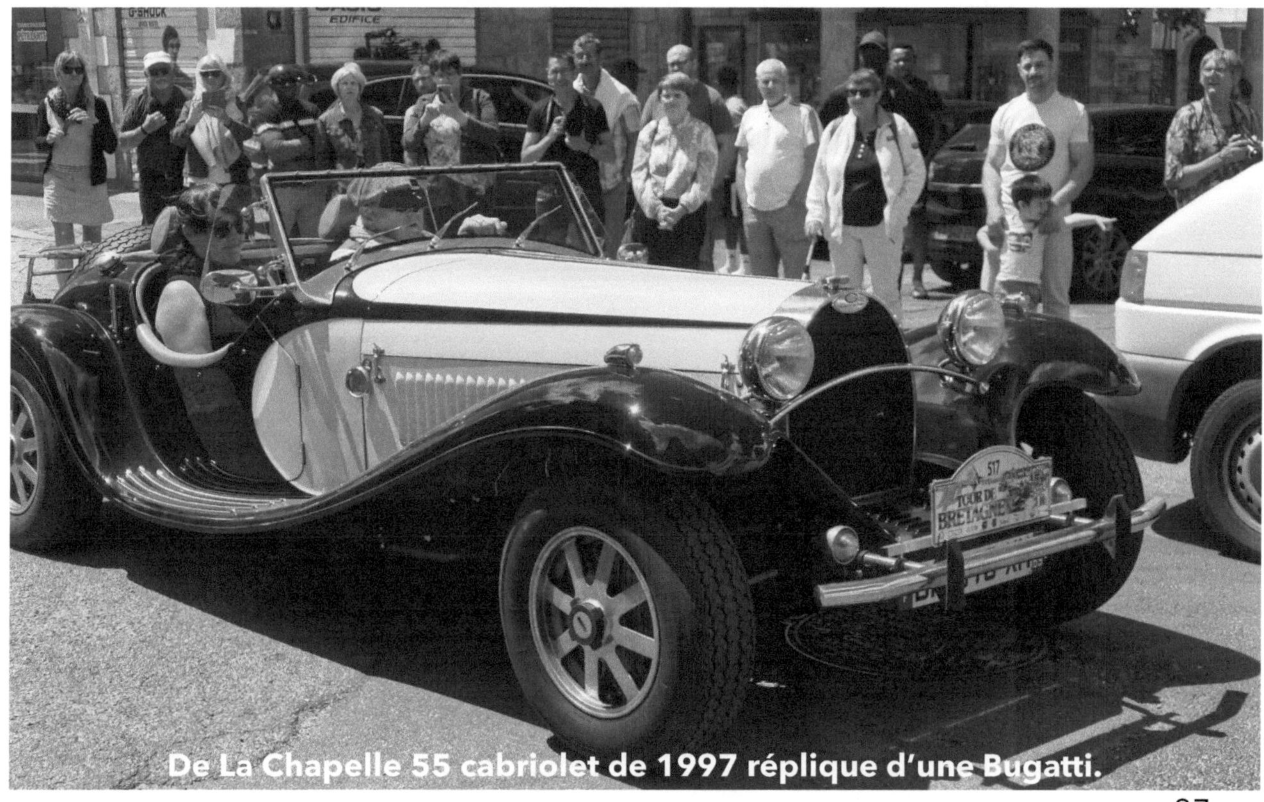

De La Chapelle 55 cabriolet de 1997 réplique d'une Bugatti.

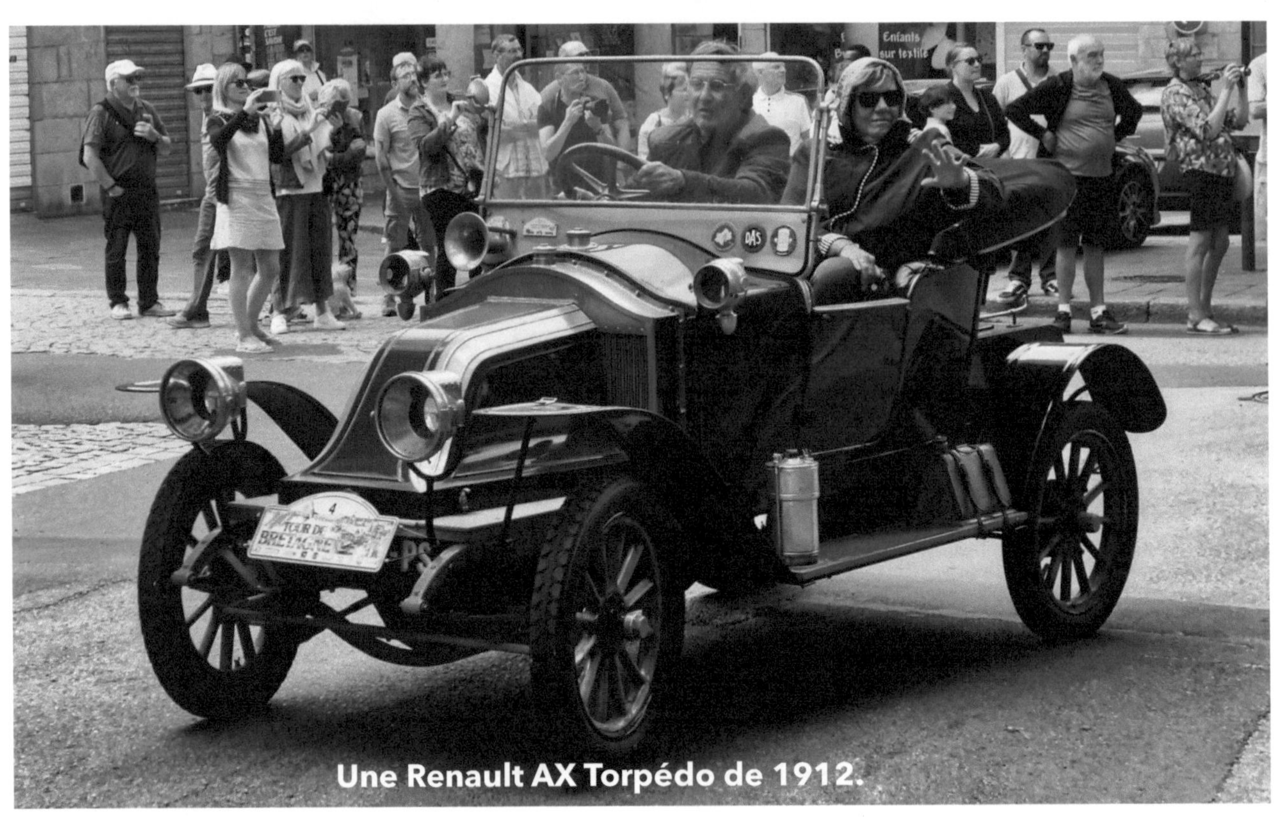

Une Renault AX Torpédo de 1912.

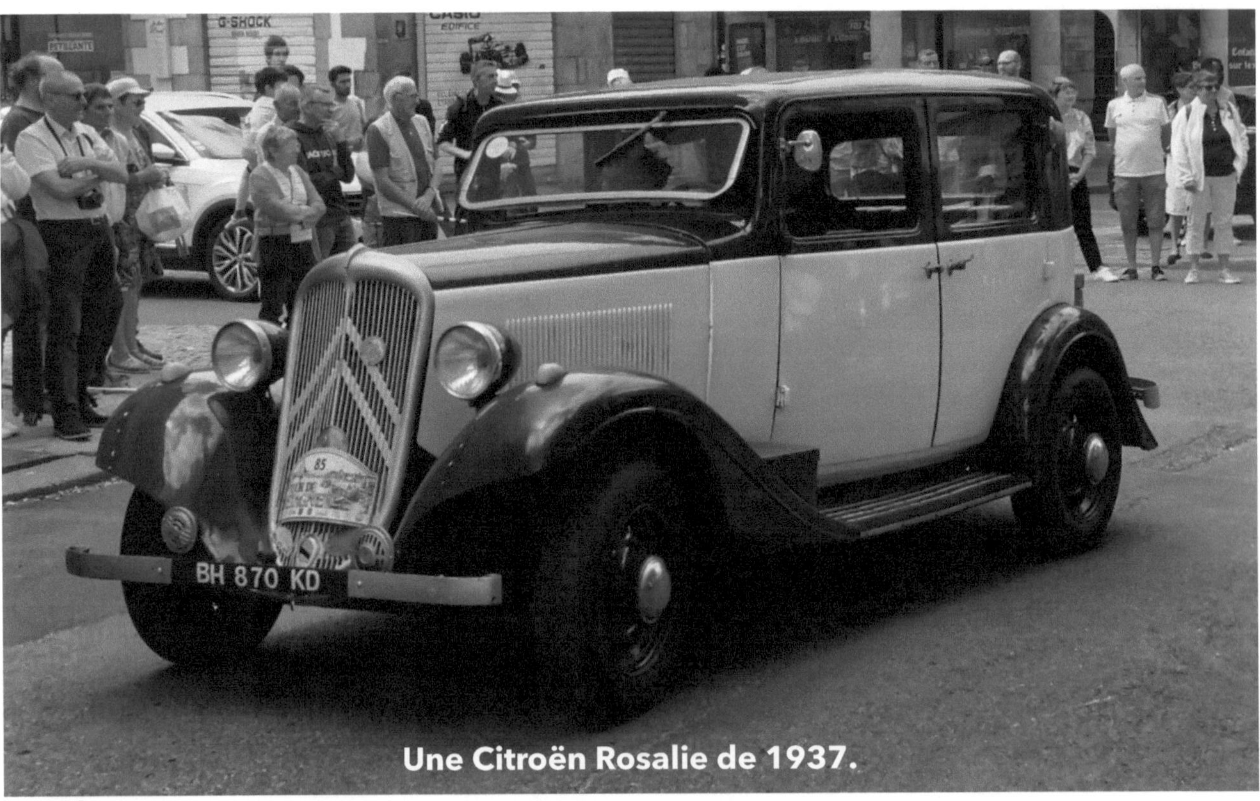

Une Citroën Rosalie de 1937.

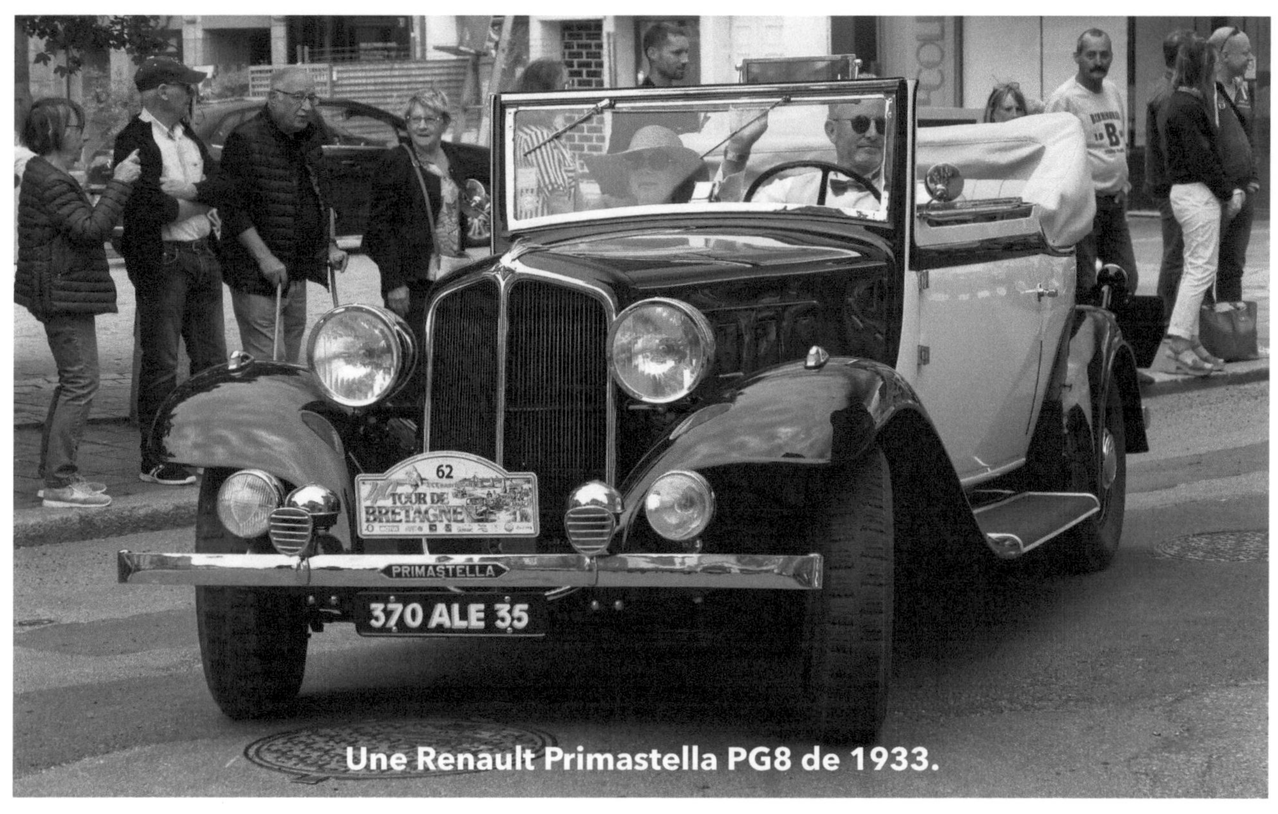

Une Renault Primastella PG8 de 1933.

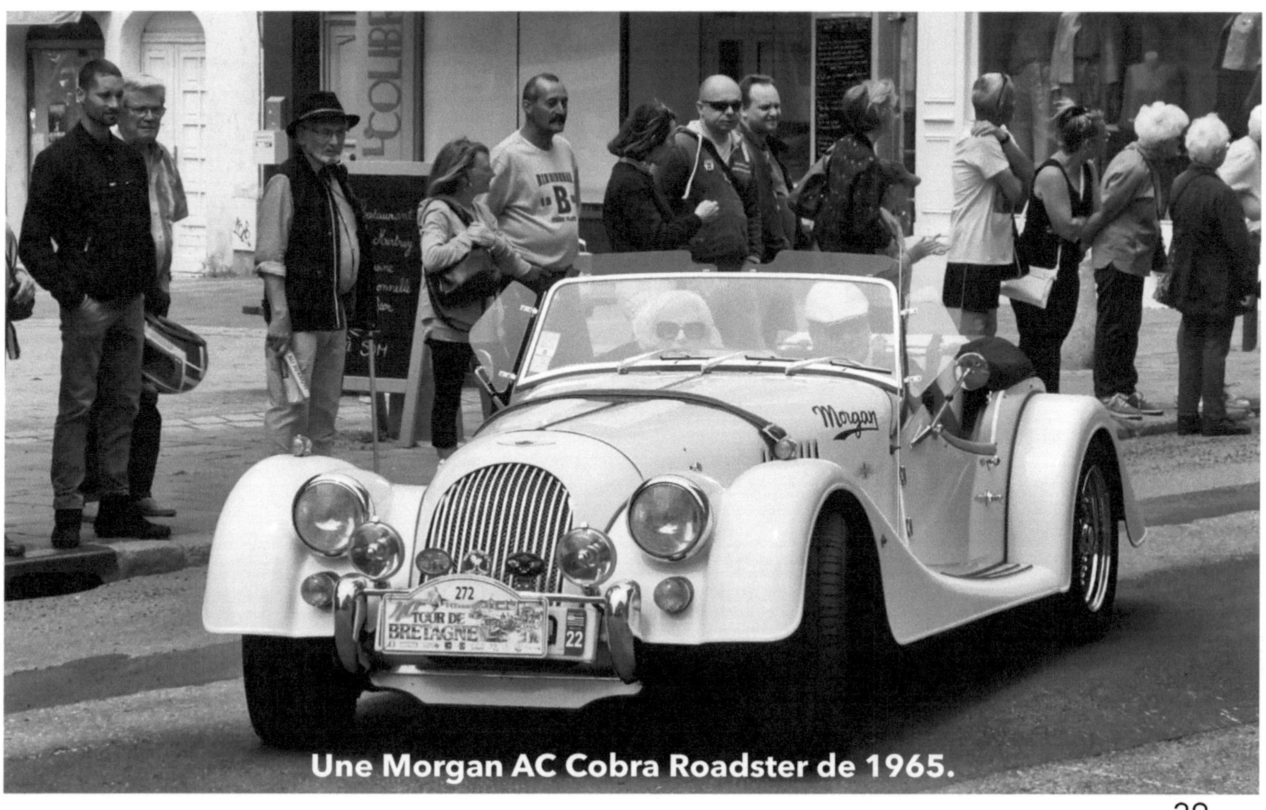

Une Morgan AC Cobra Roadster de 1965.

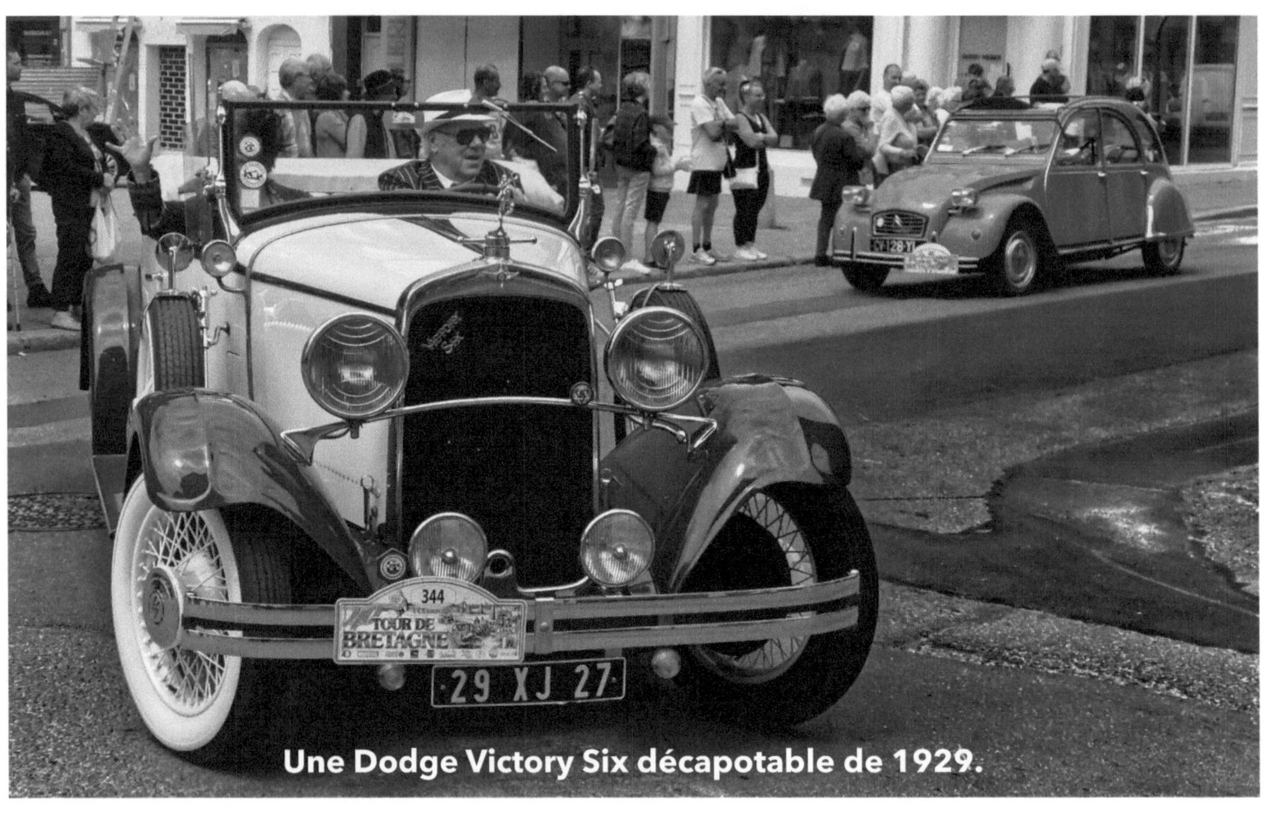

Une Dodge Victory Six décapotable de 1929.

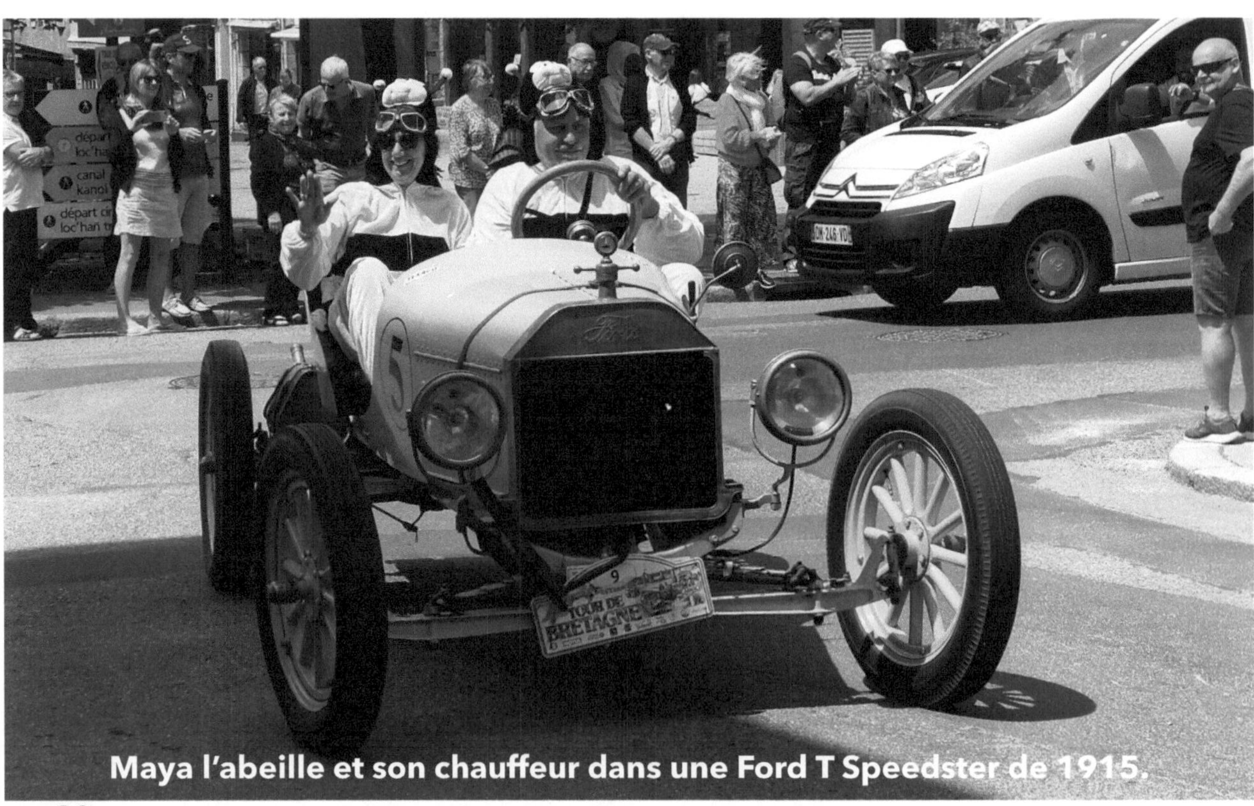

Maya l'abeille et son chauffeur dans une Ford T Speedster de 1915.

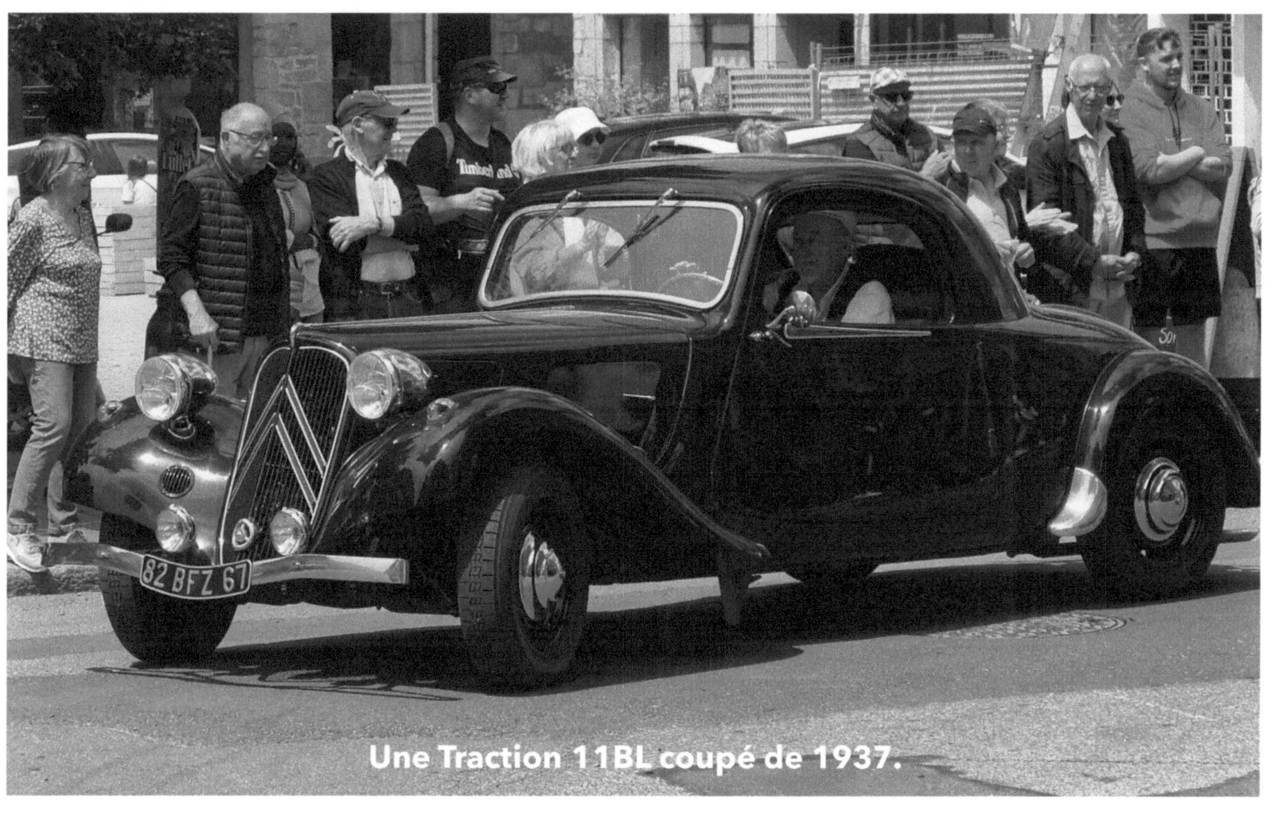

Une Traction 11BL coupé de 1937.

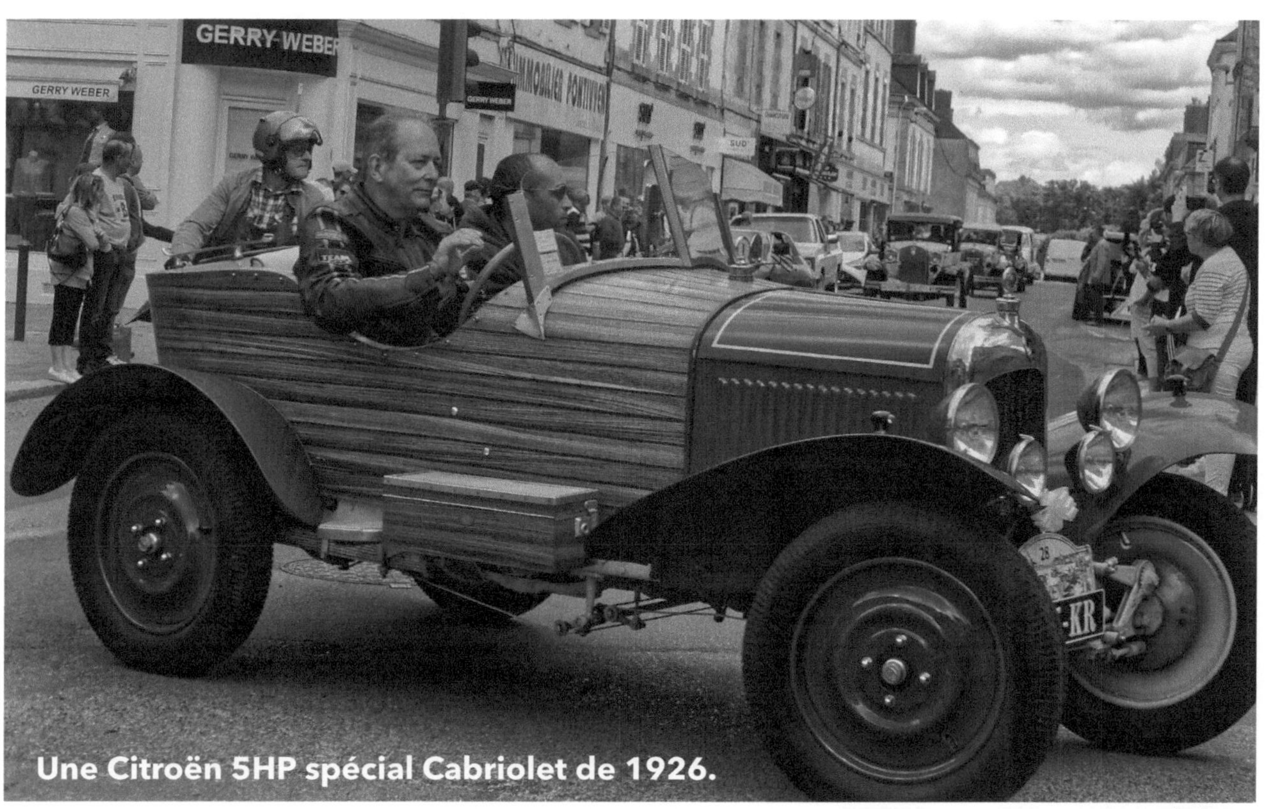

Une Citroën 5HP spécial Cabriolet de 1926.

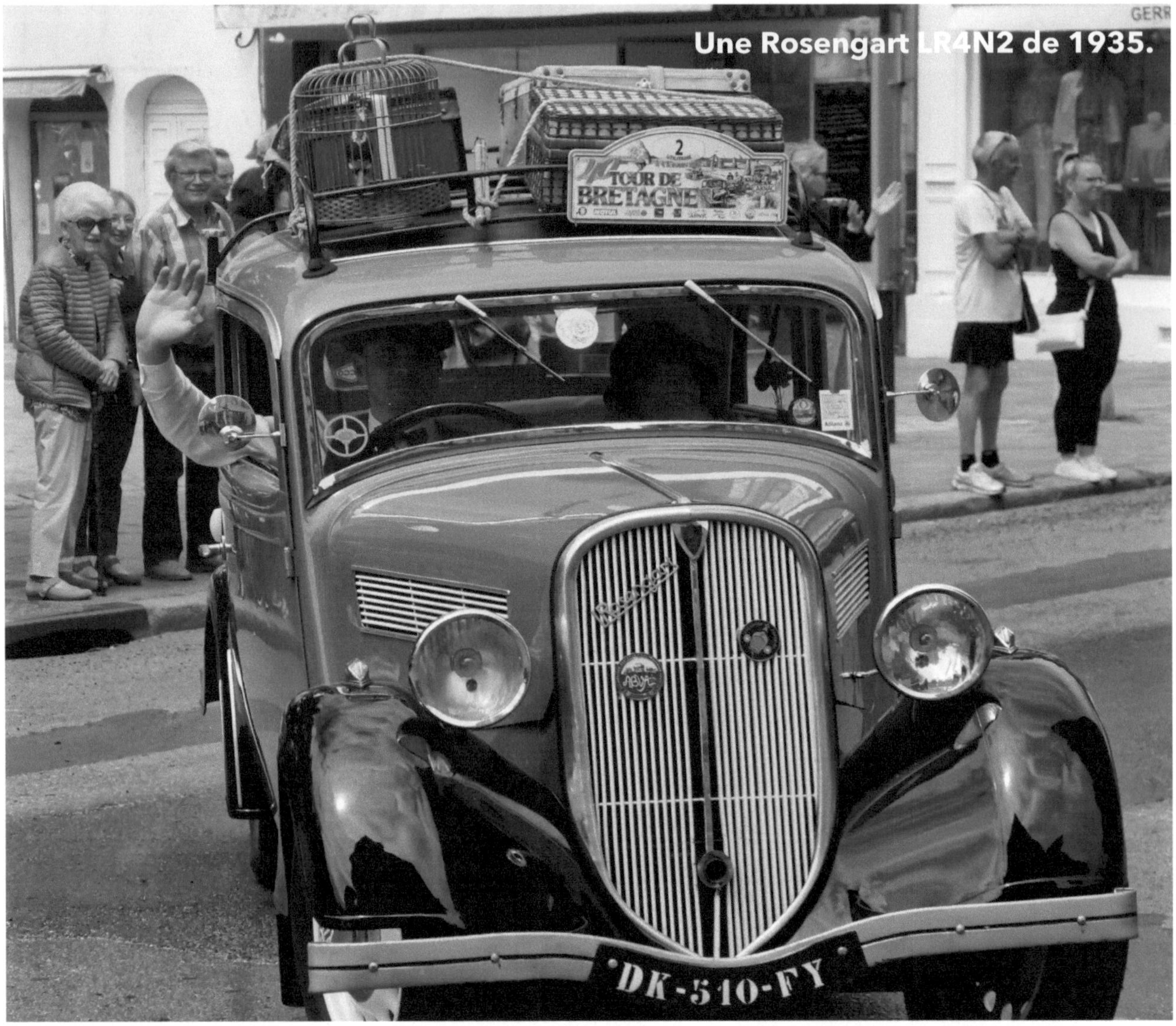

Une Rosengart LR4N2 de 1935.

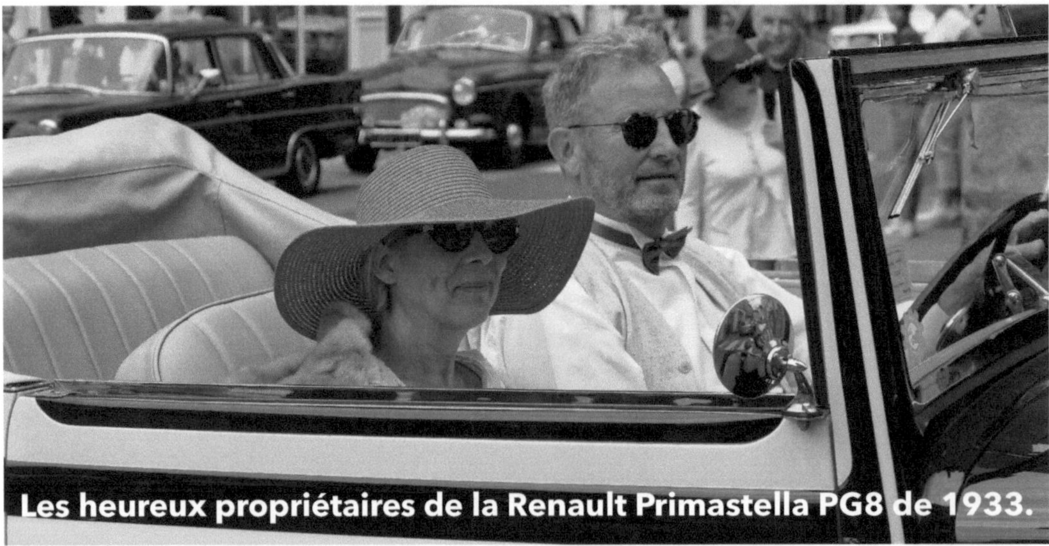
Les heureux propriétaires de la Renault Primastella PG8 de 1933.

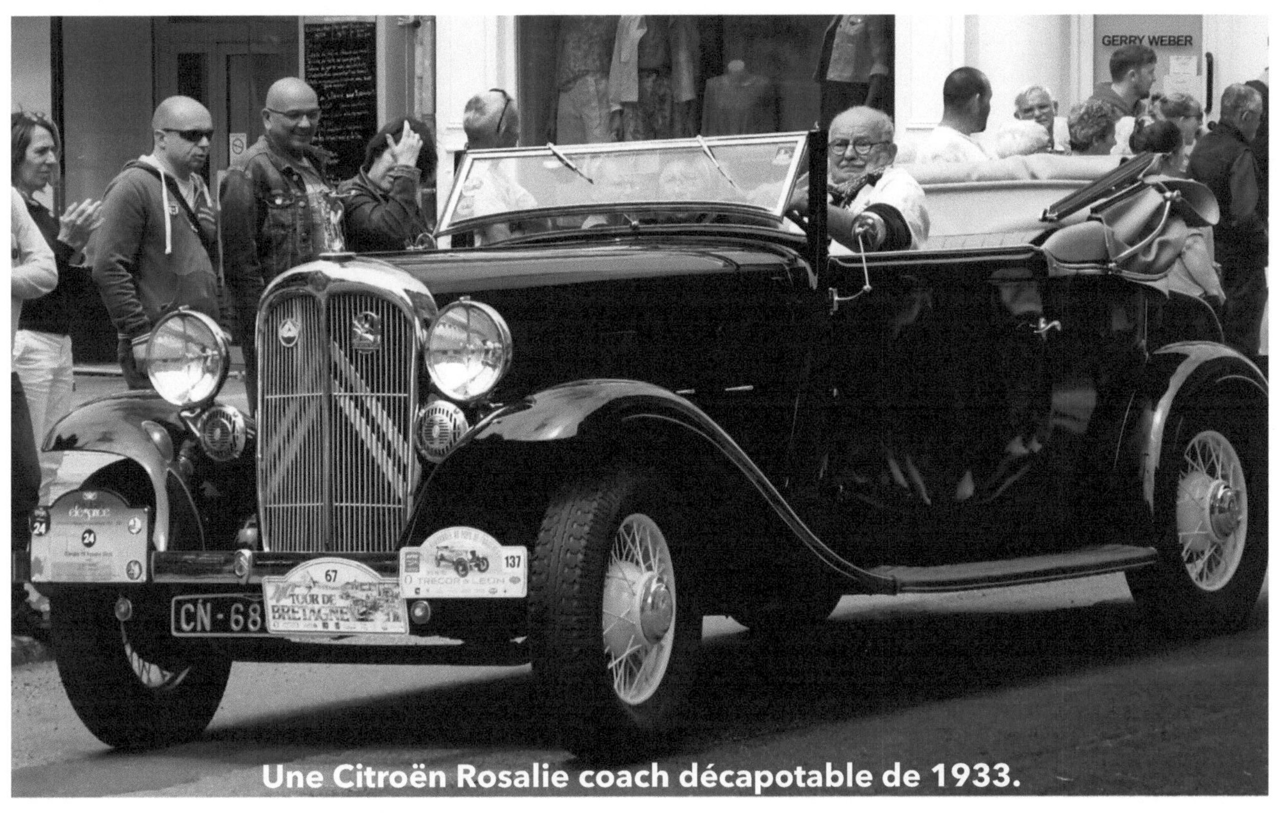

Une Citroën Rosalie coach décapotable de 1933.

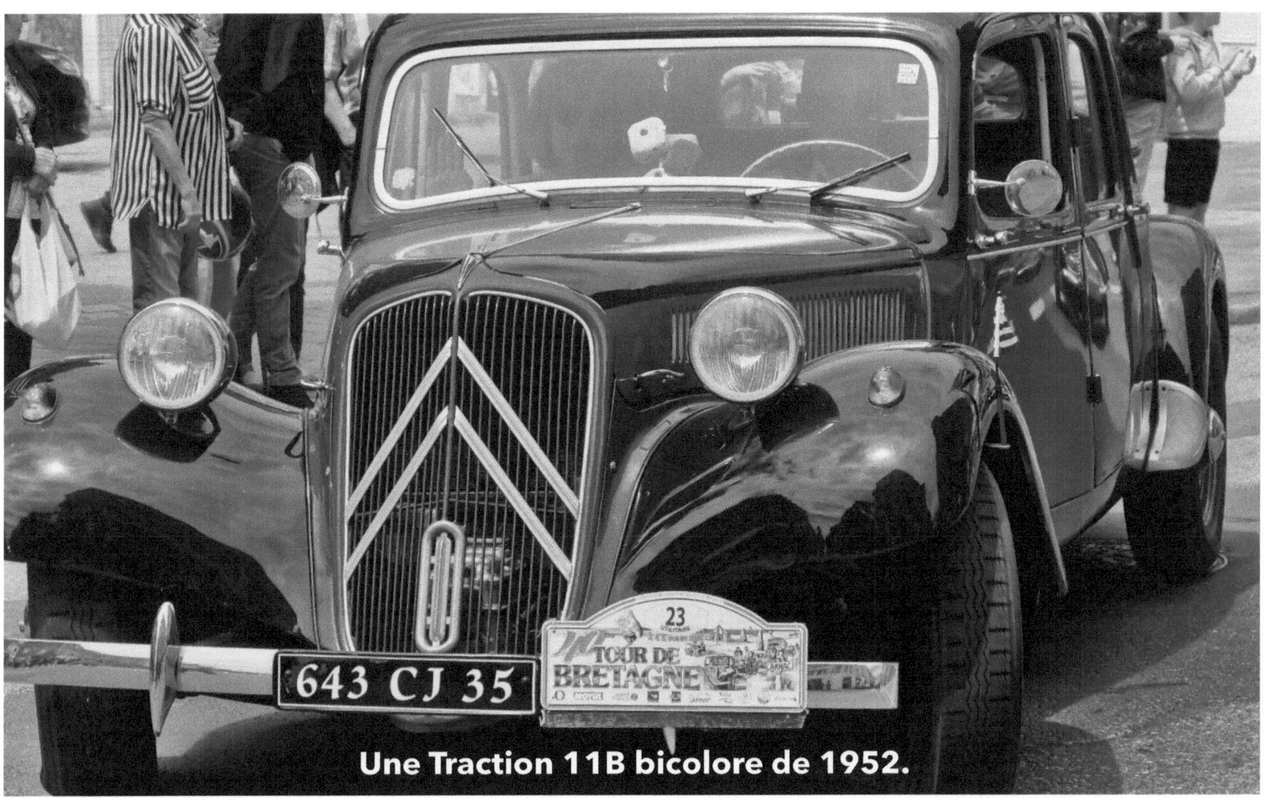

Une Traction 11B bicolore de 1952.

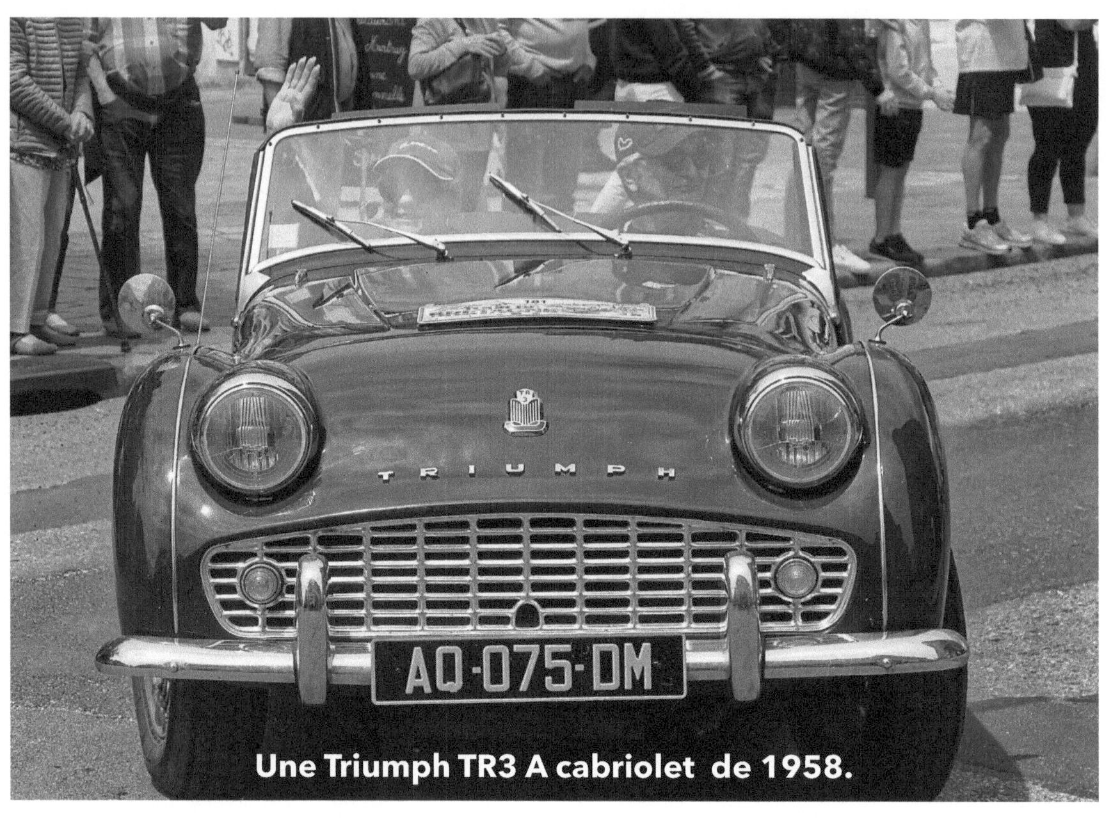

Une Triumph TR3 A cabriolet de 1958.

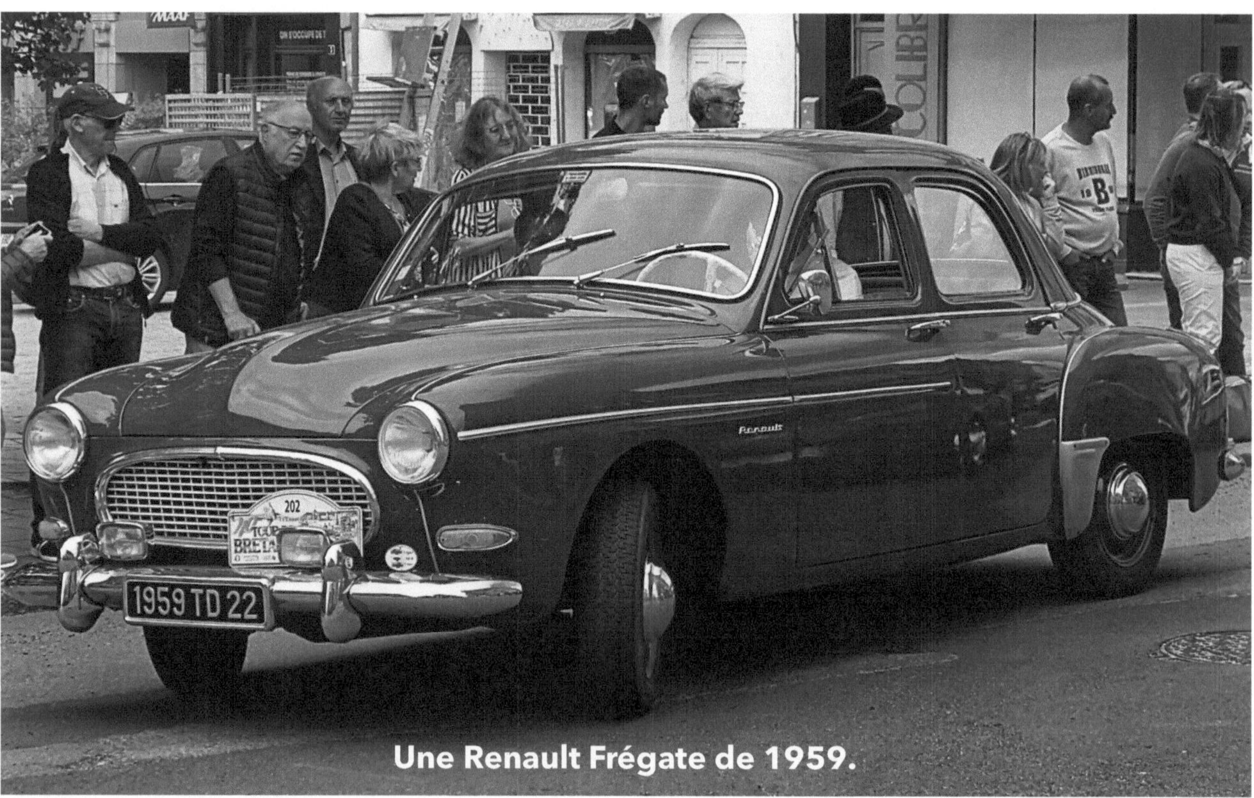

Une Renault Frégate de 1959.

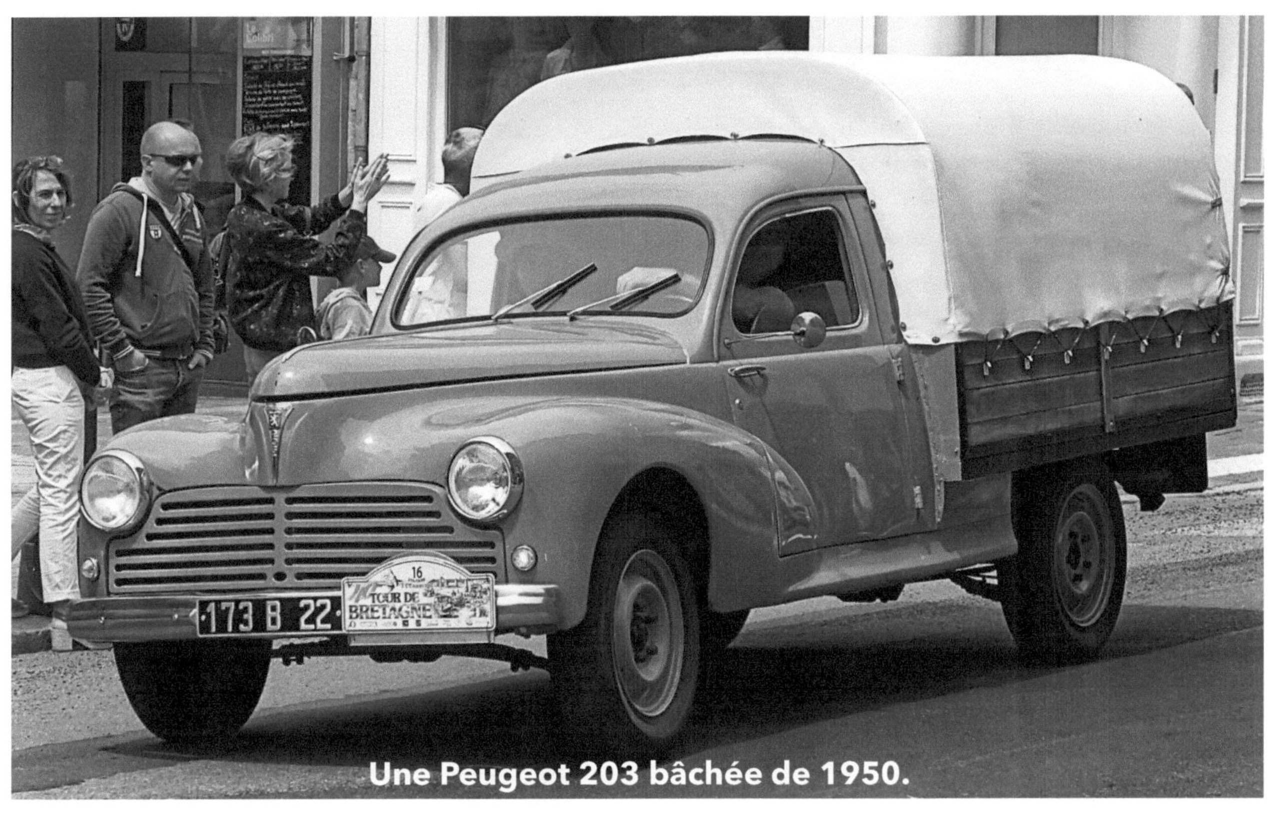

Une Peugeot 203 bâchée de 1950.

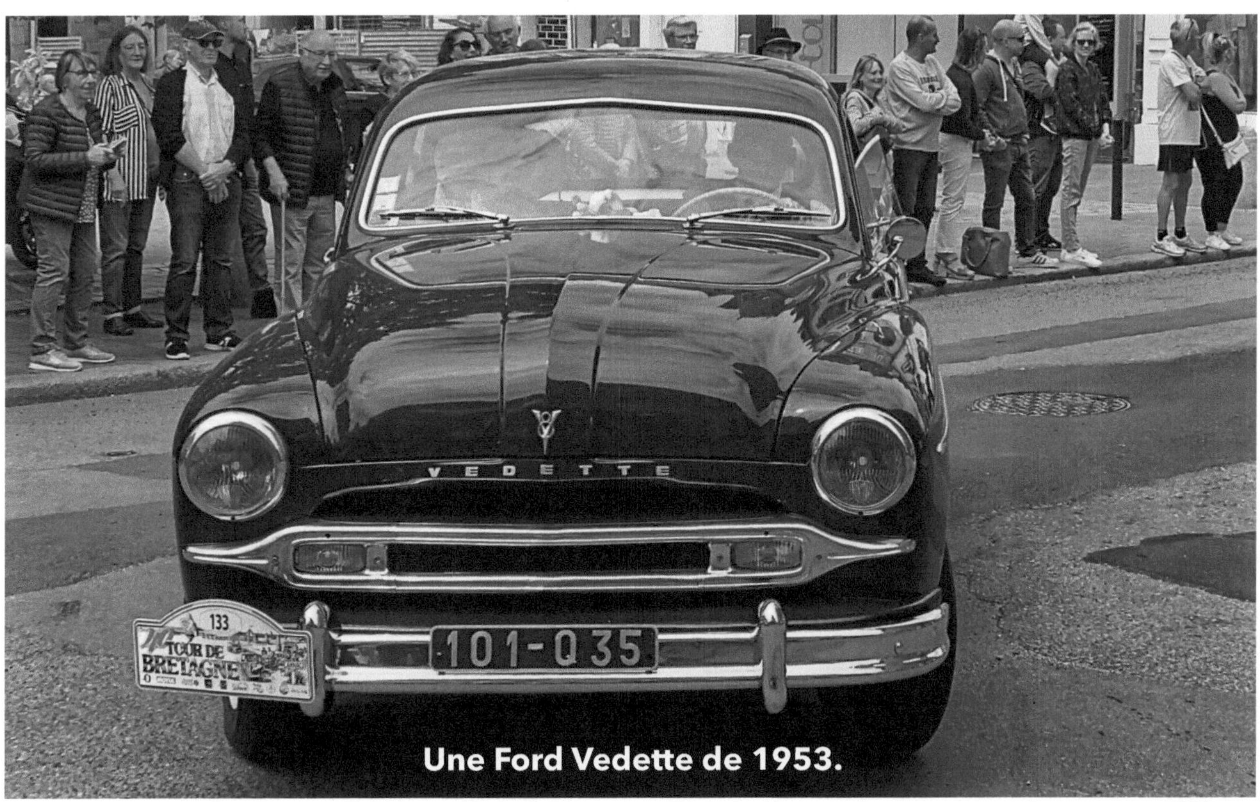

Une Ford Vedette de 1953.

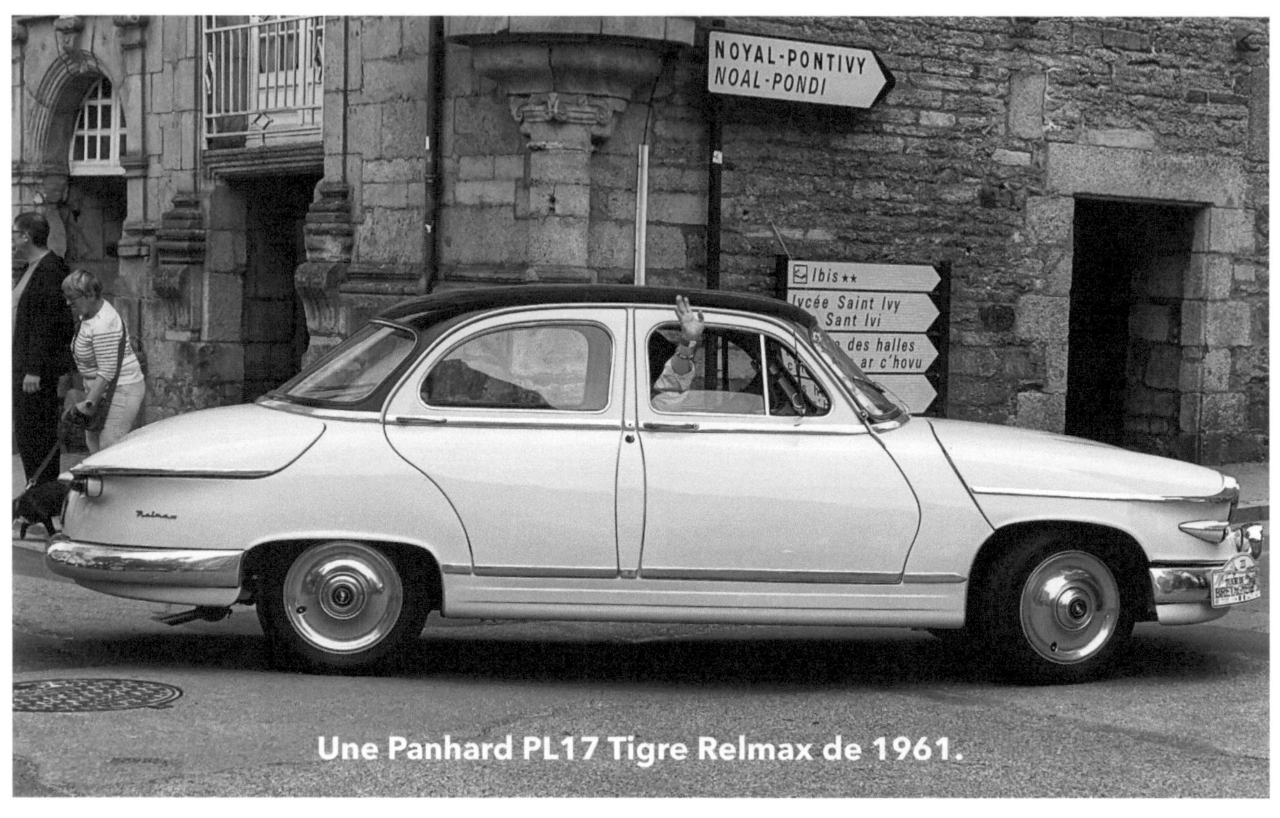

Une Panhard PL17 Tigre Relmax de 1961.

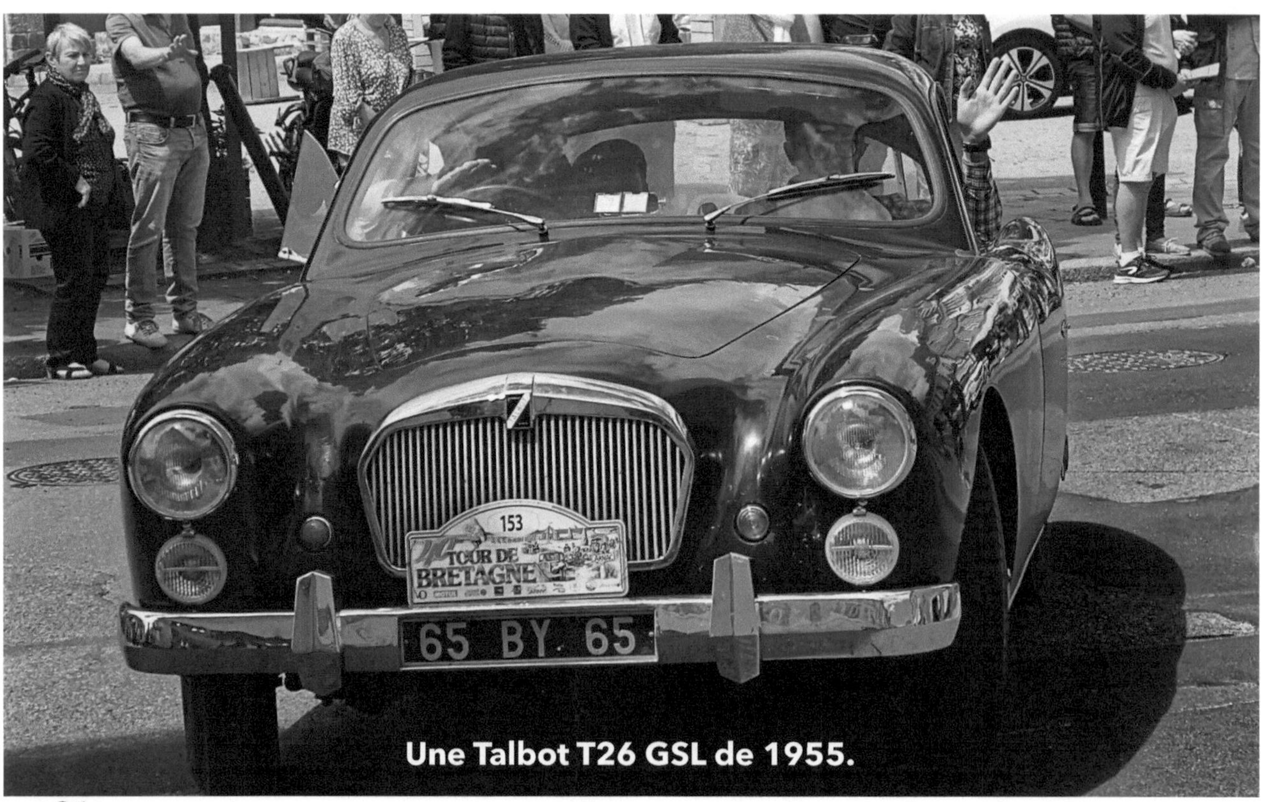

Une Talbot T26 GSL de 1955.

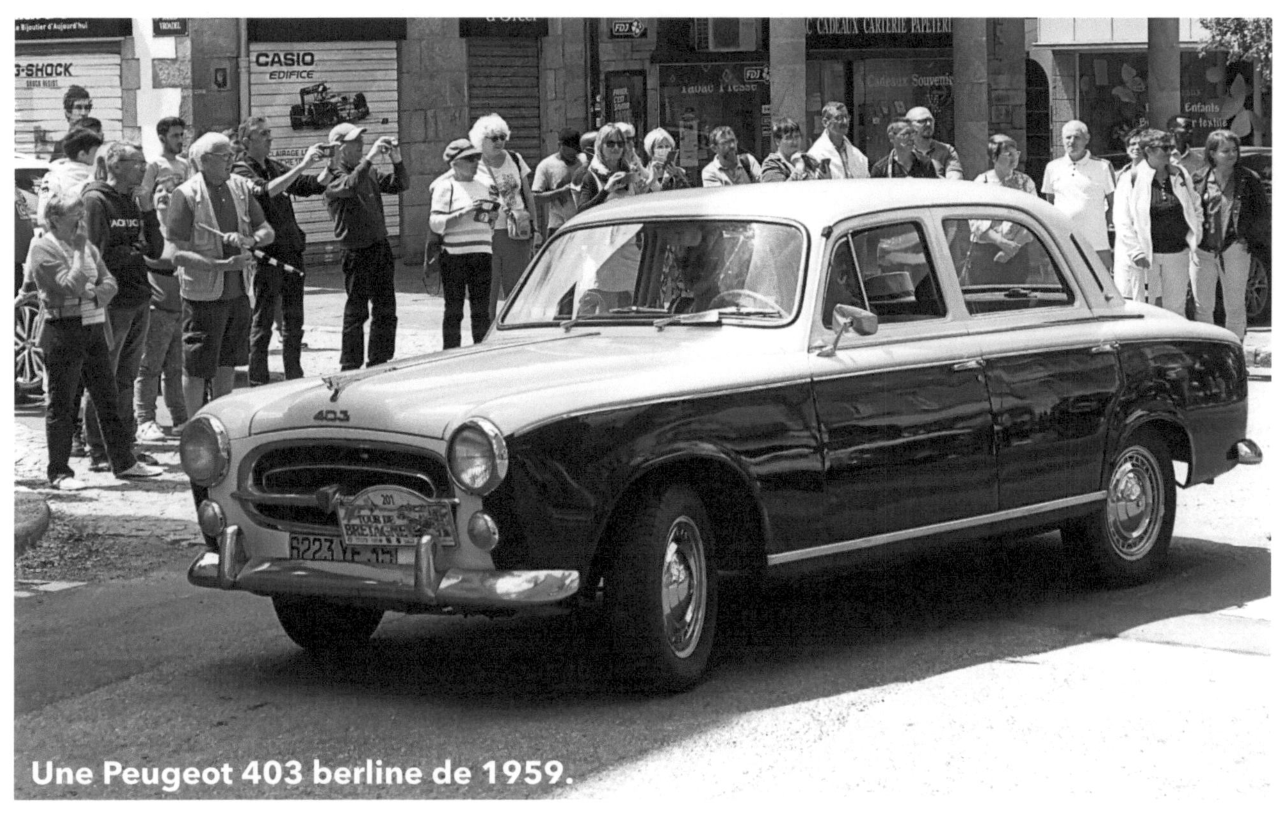

Une Peugeot 403 berline de 1959.

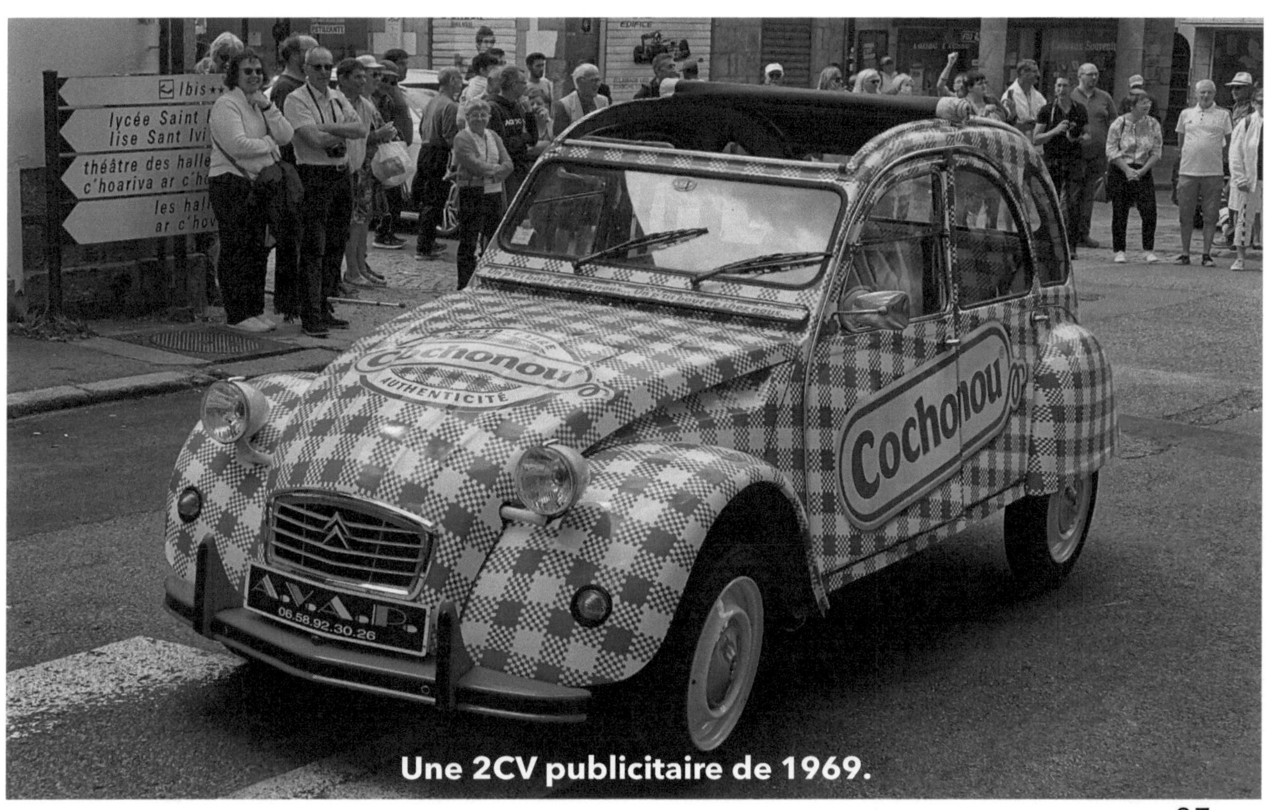

Une 2CV publicitaire de 1969.

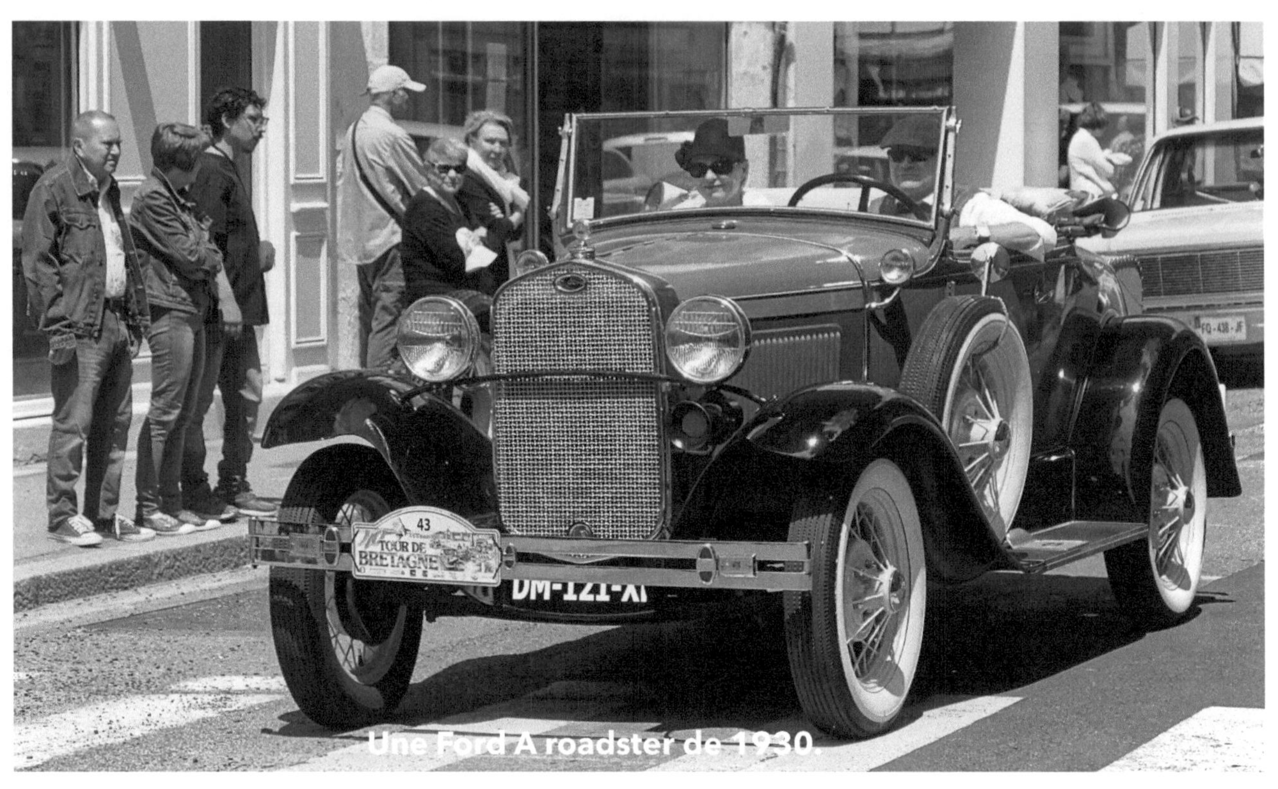

Une Ford A roadster de 1930.

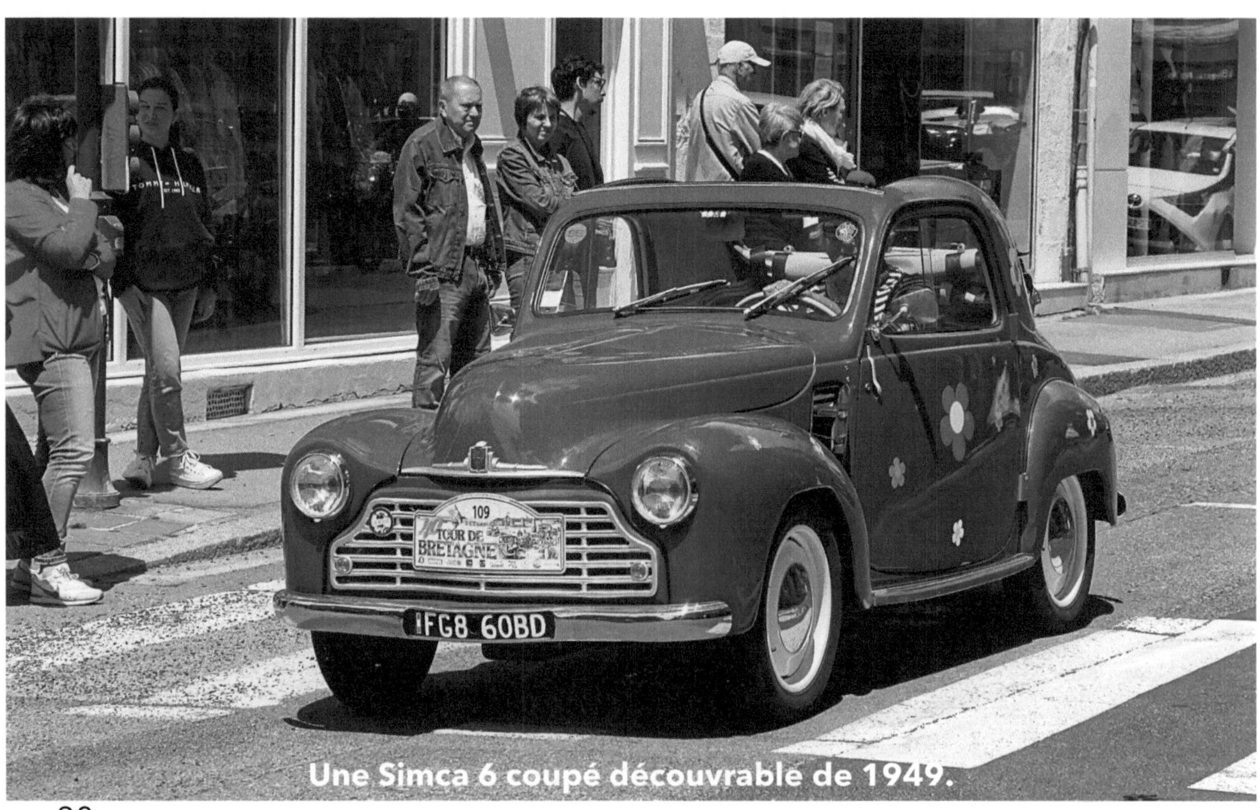

Une Simca 6 coupé découvrable de 1949.

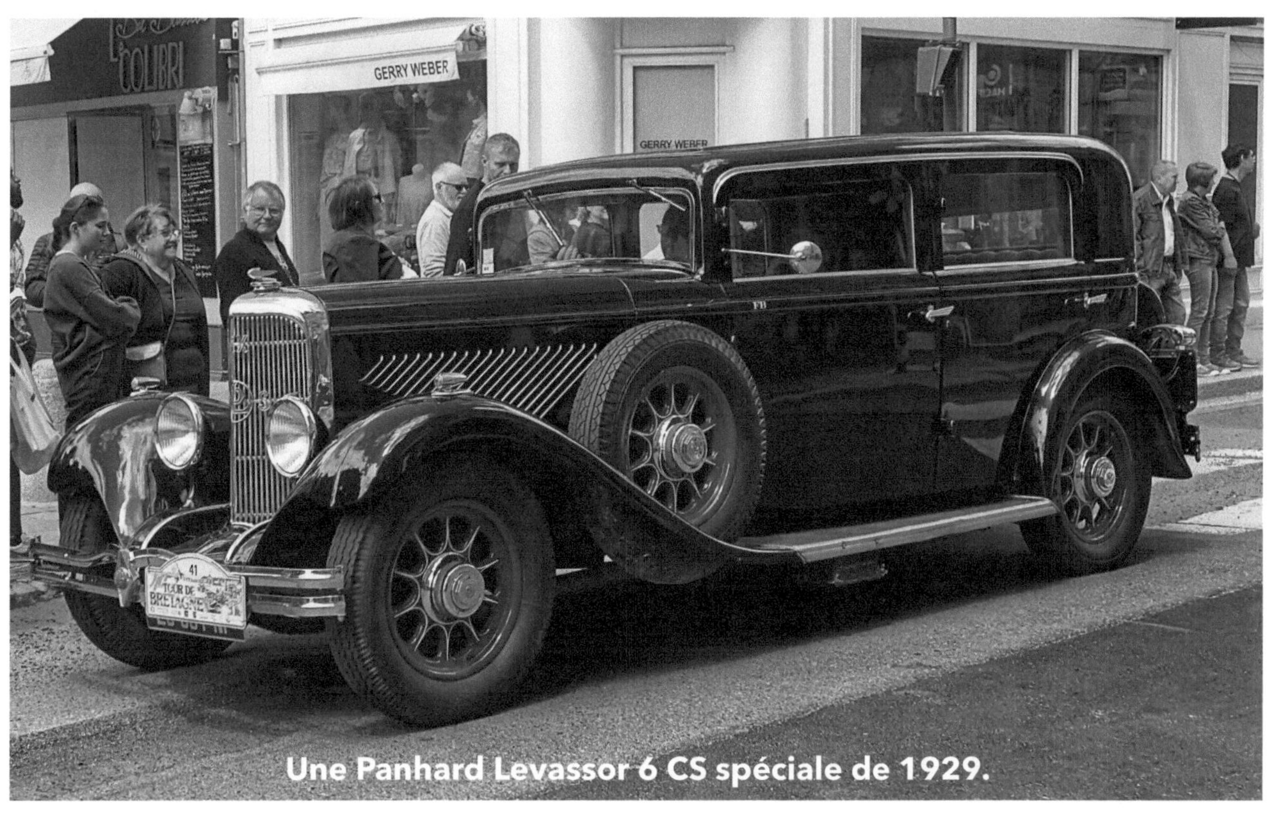

Une Panhard Levassor 6 CS spéciale de 1929.

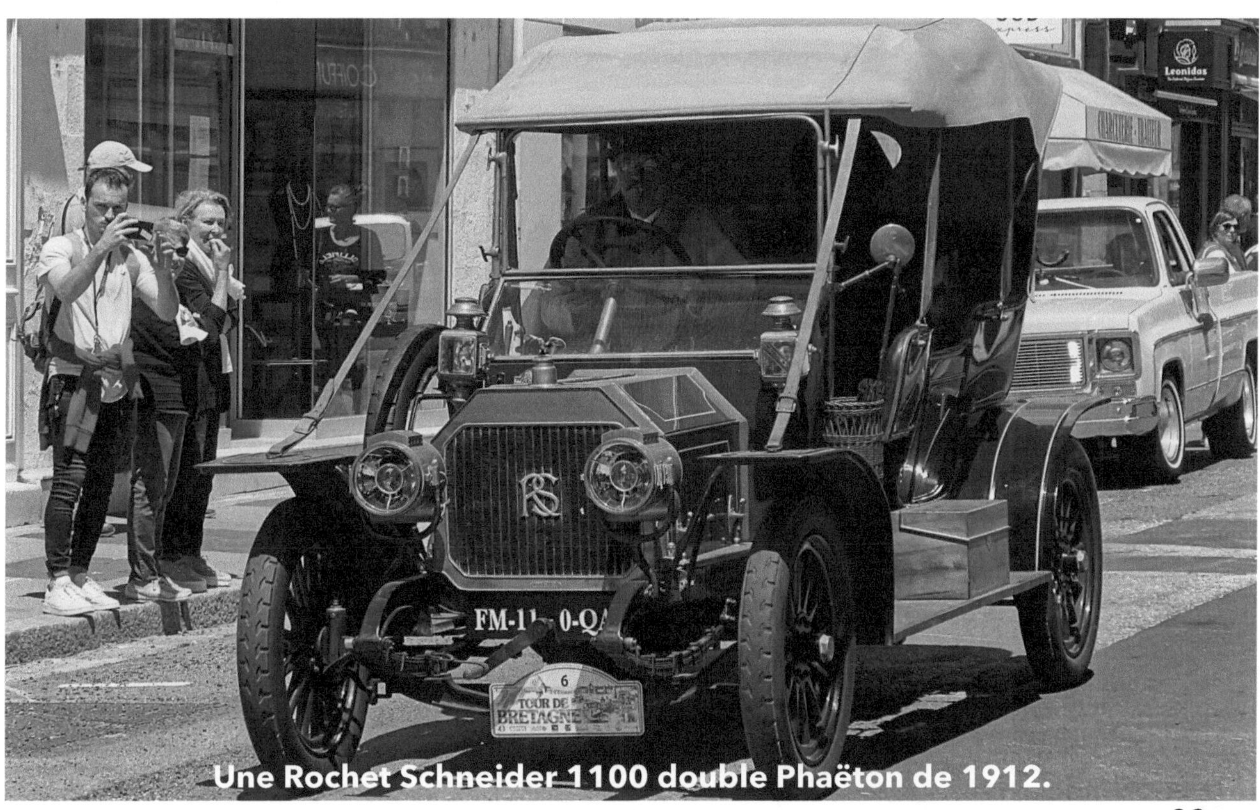

Une Rochet Schneider 1100 double Phaëton de 1912.

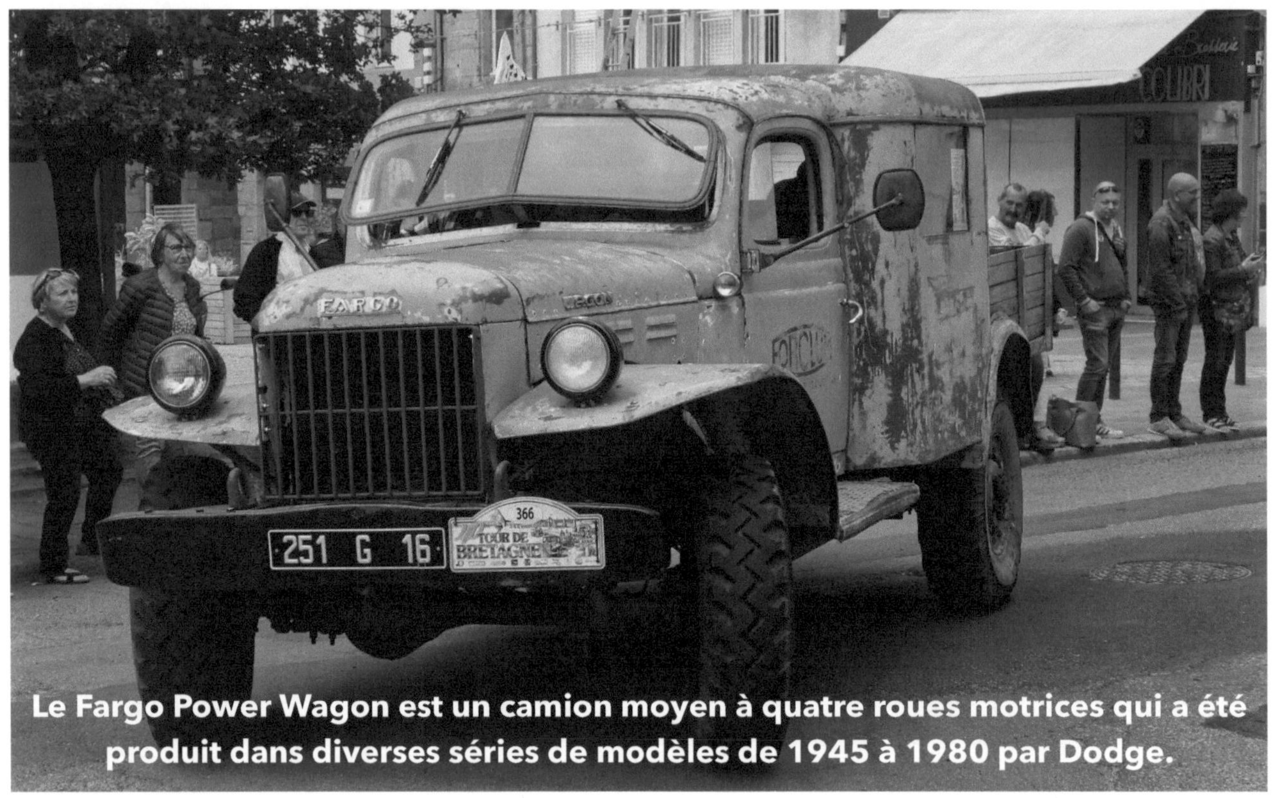

Le Fargo Power Wagon est un camion moyen à quatre roues motrices qui a été produit dans diverses séries de modèles de 1945 à 1980 par Dodge.

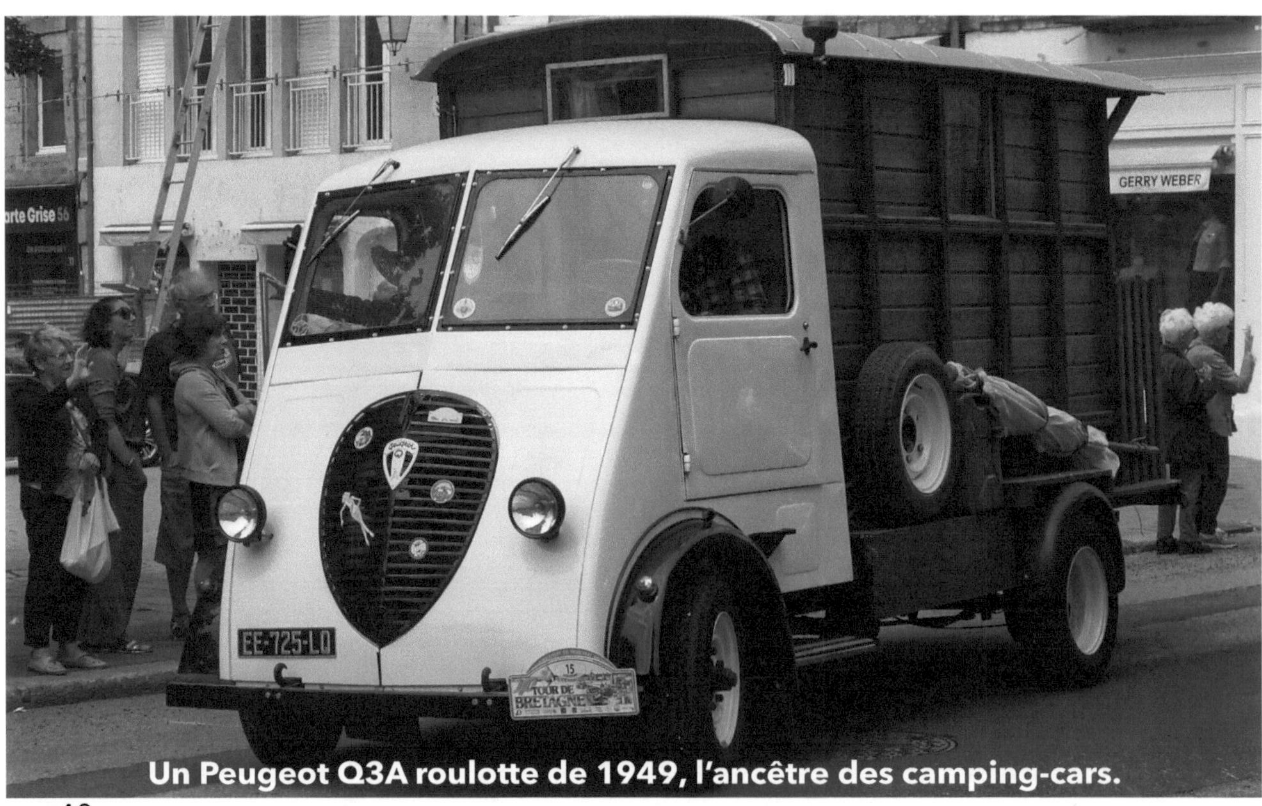

Un Peugeot Q3A roulotte de 1949, l'ancêtre des camping-cars.

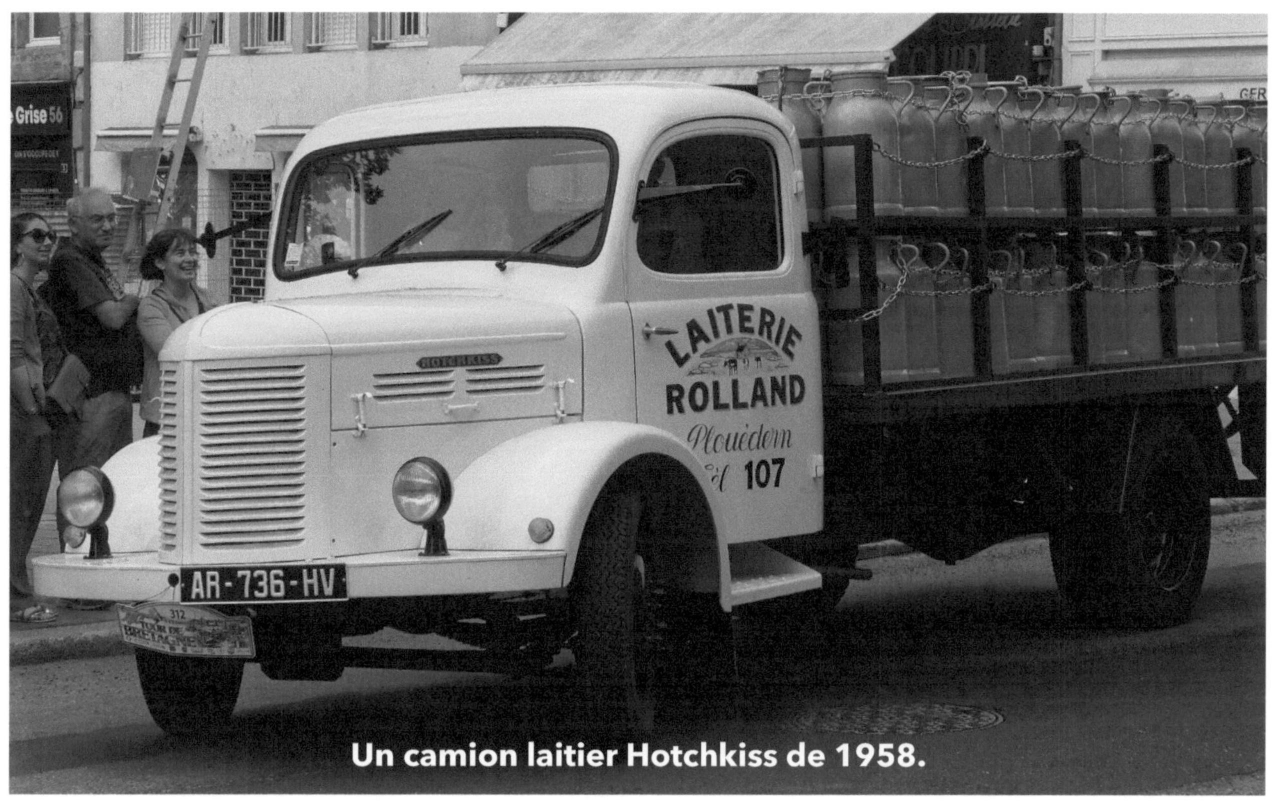

Un camion laitier Hotchkiss de 1958.

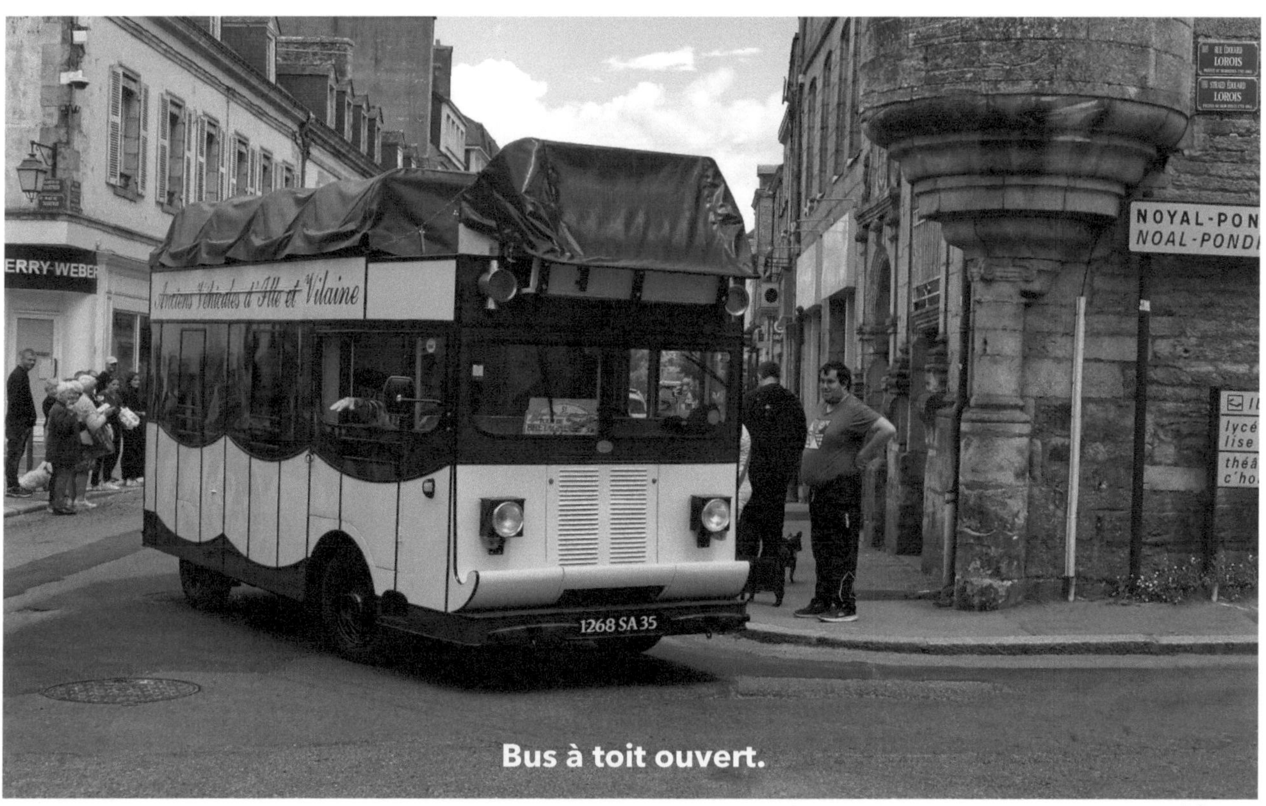

Bus à toit ouvert.

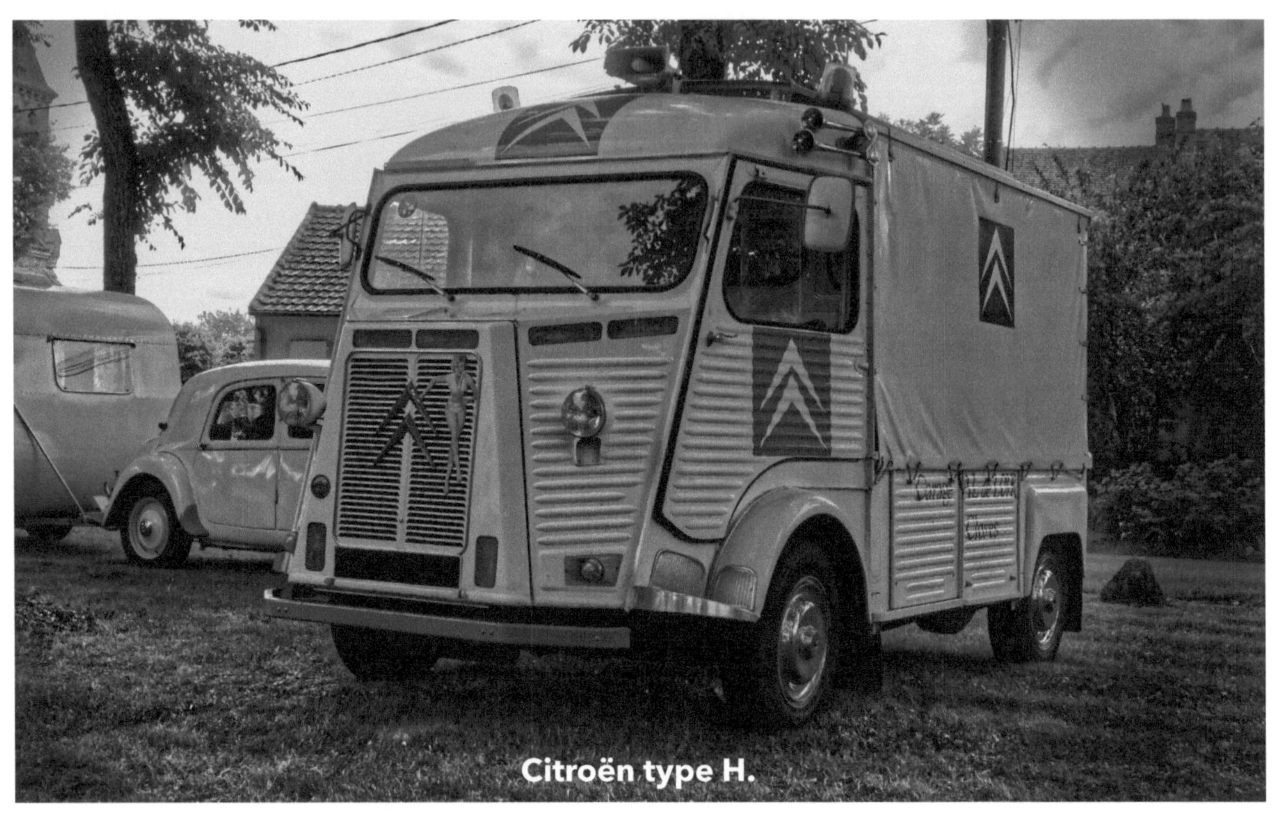

Citroën type H.

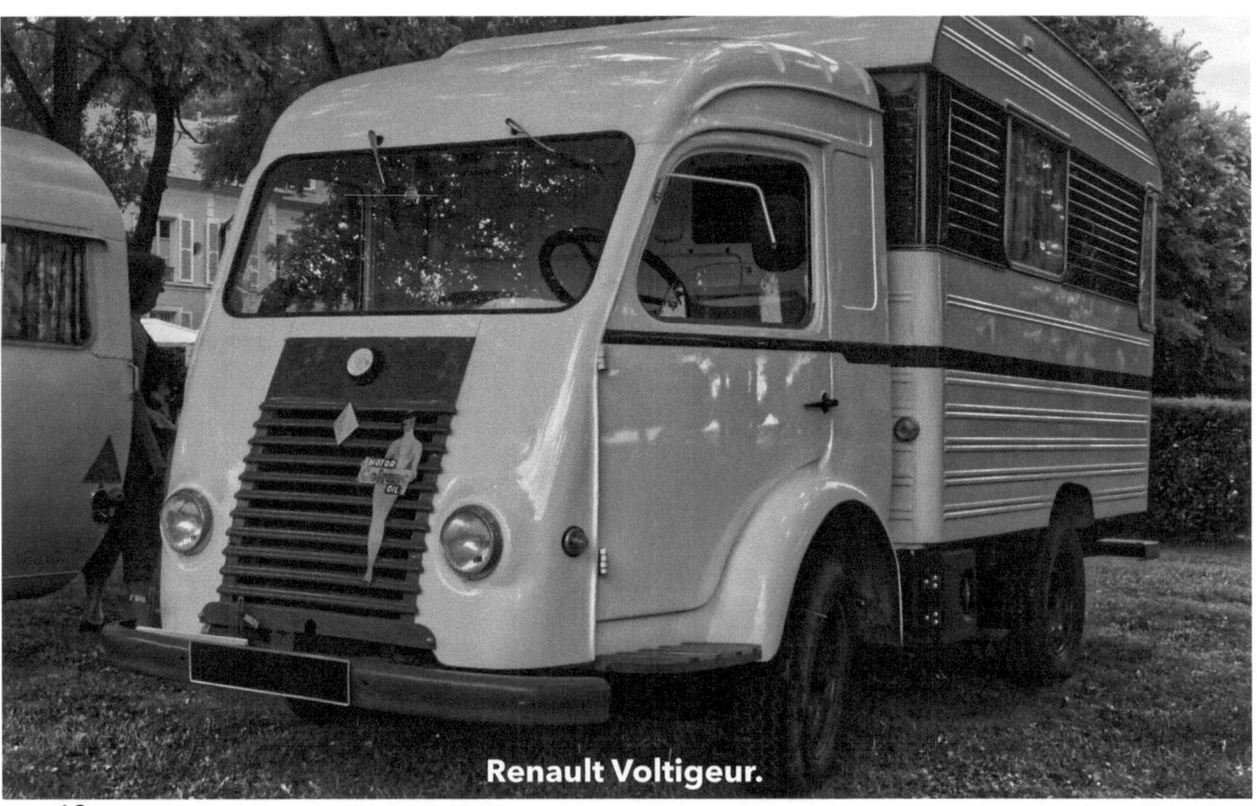

Renault Voltigeur.

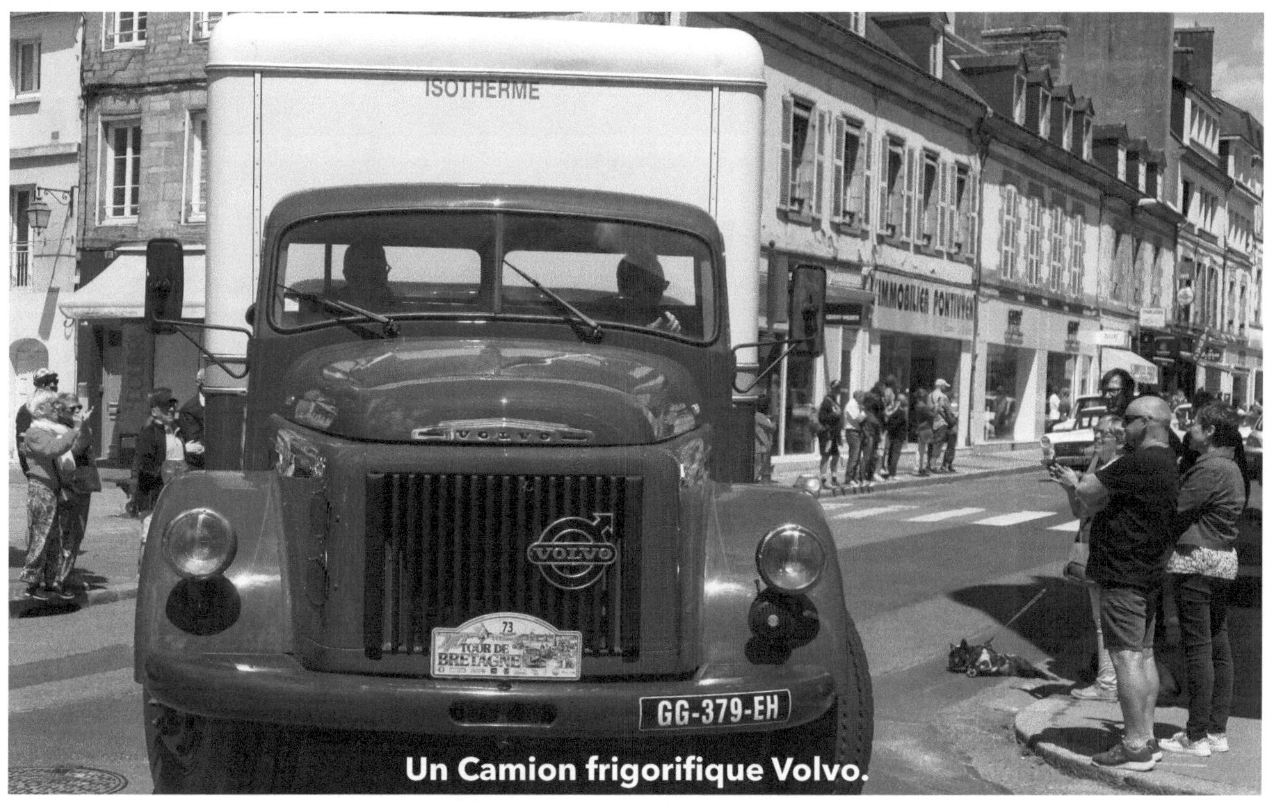

Un Camion frigorifique Volvo.

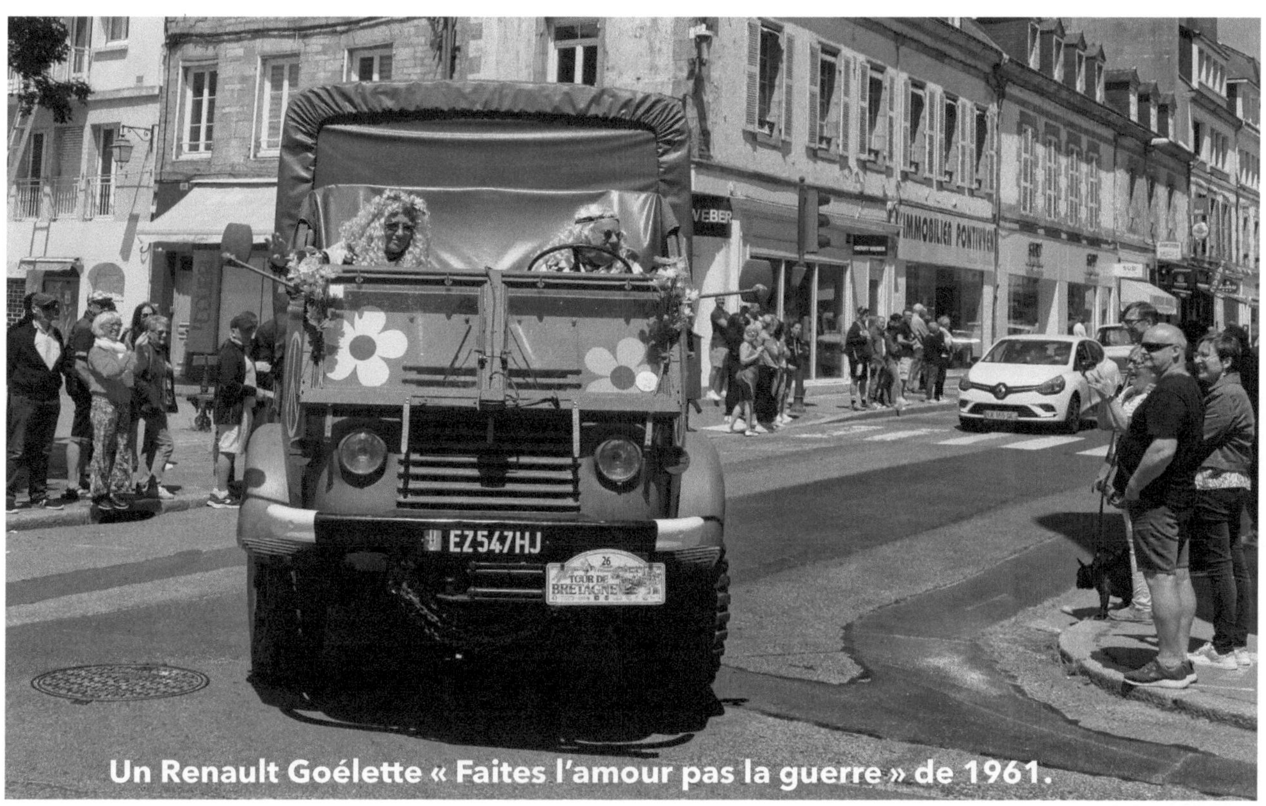

Un Renault Goélette « Faites l'amour pas la guerre » de 1961.

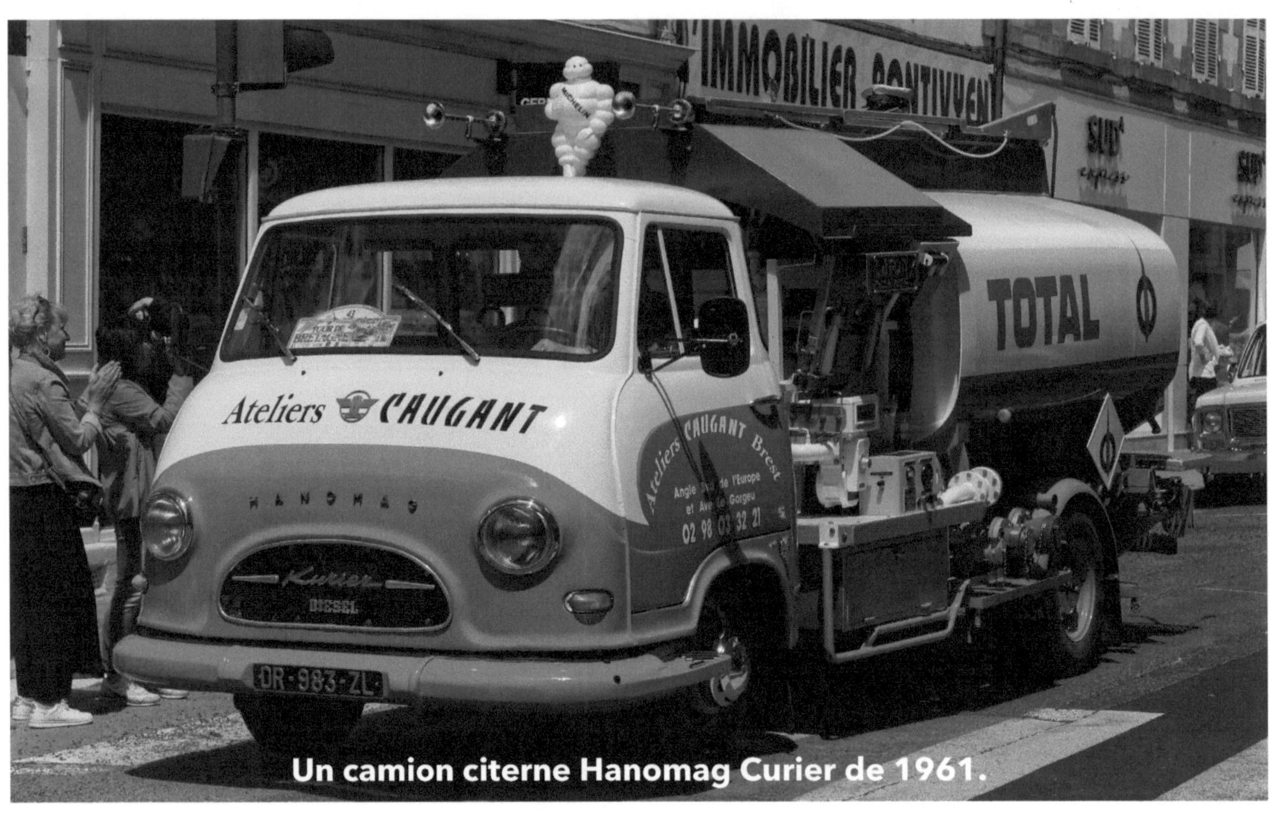

Un camion citerne Hanomag Curier de 1961.

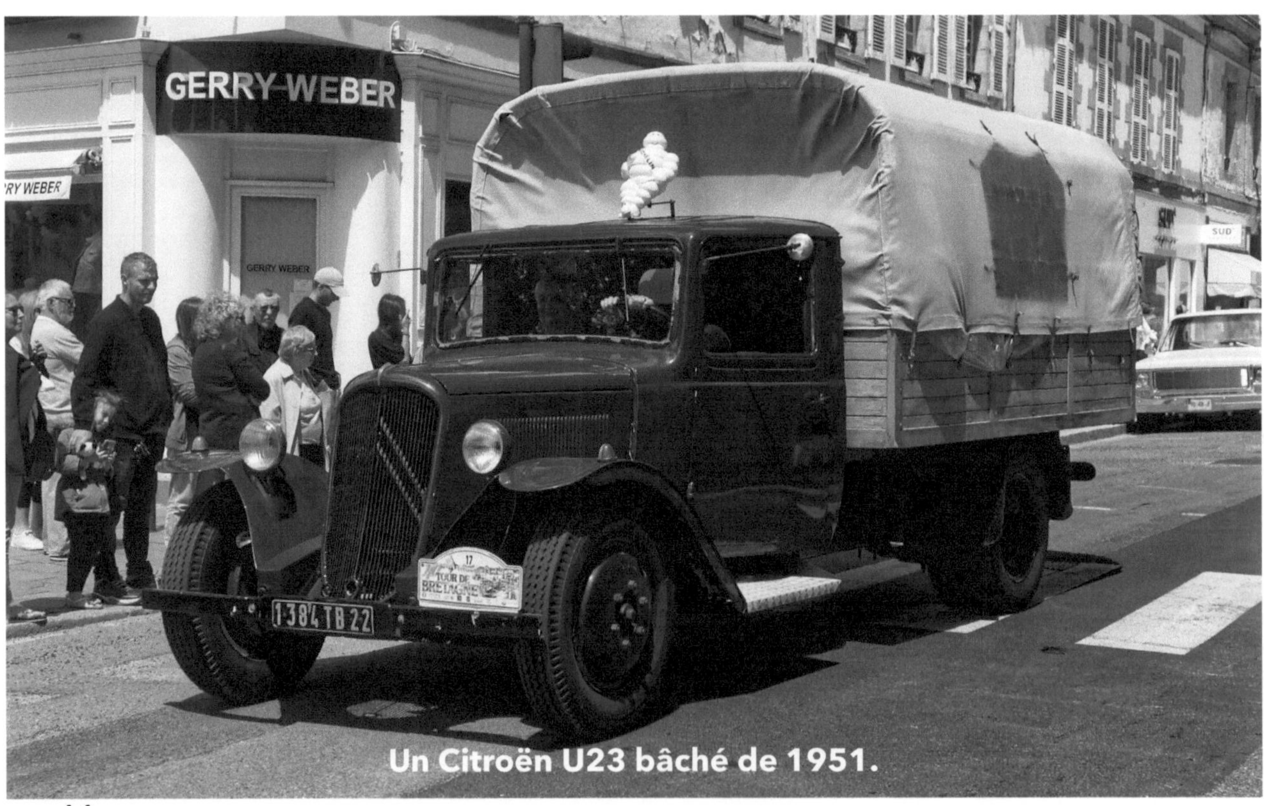

Un Citroën U23 bâché de 1951.

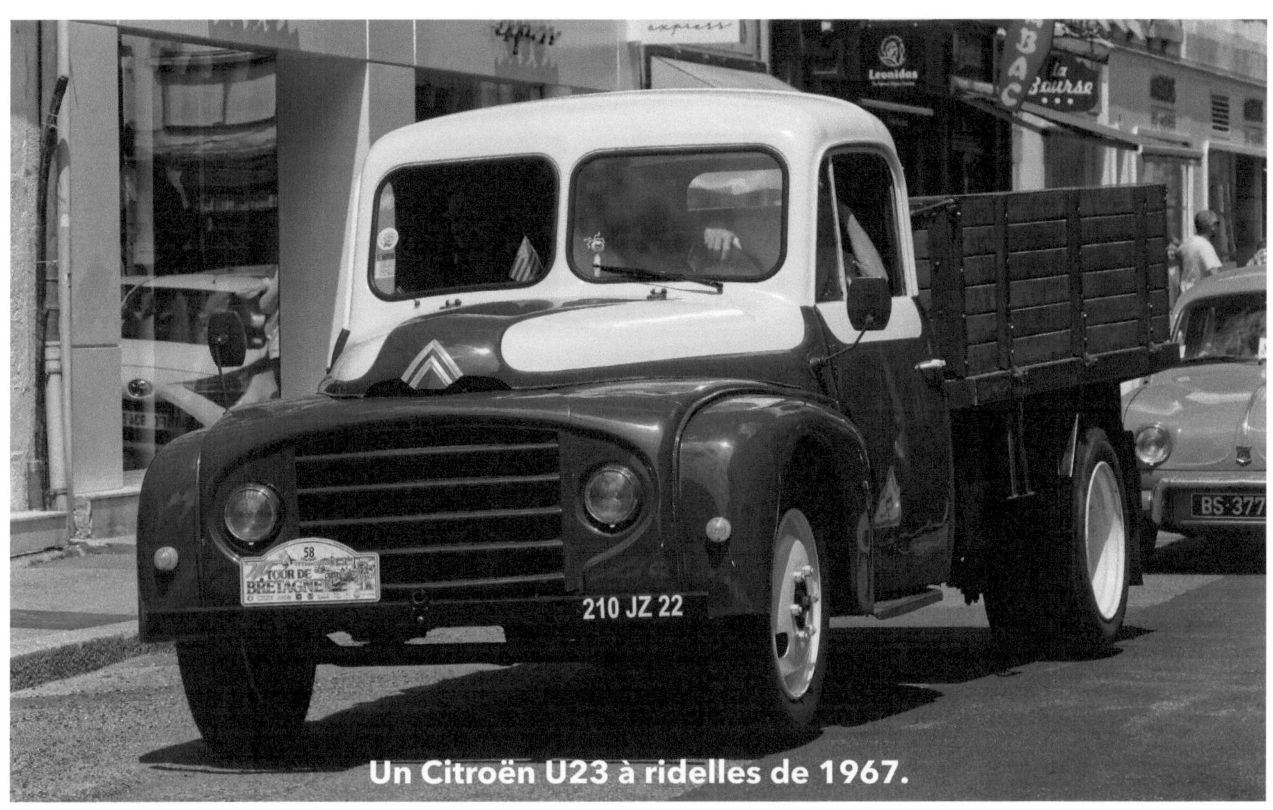

Un Citroën U23 à ridelles de 1967.

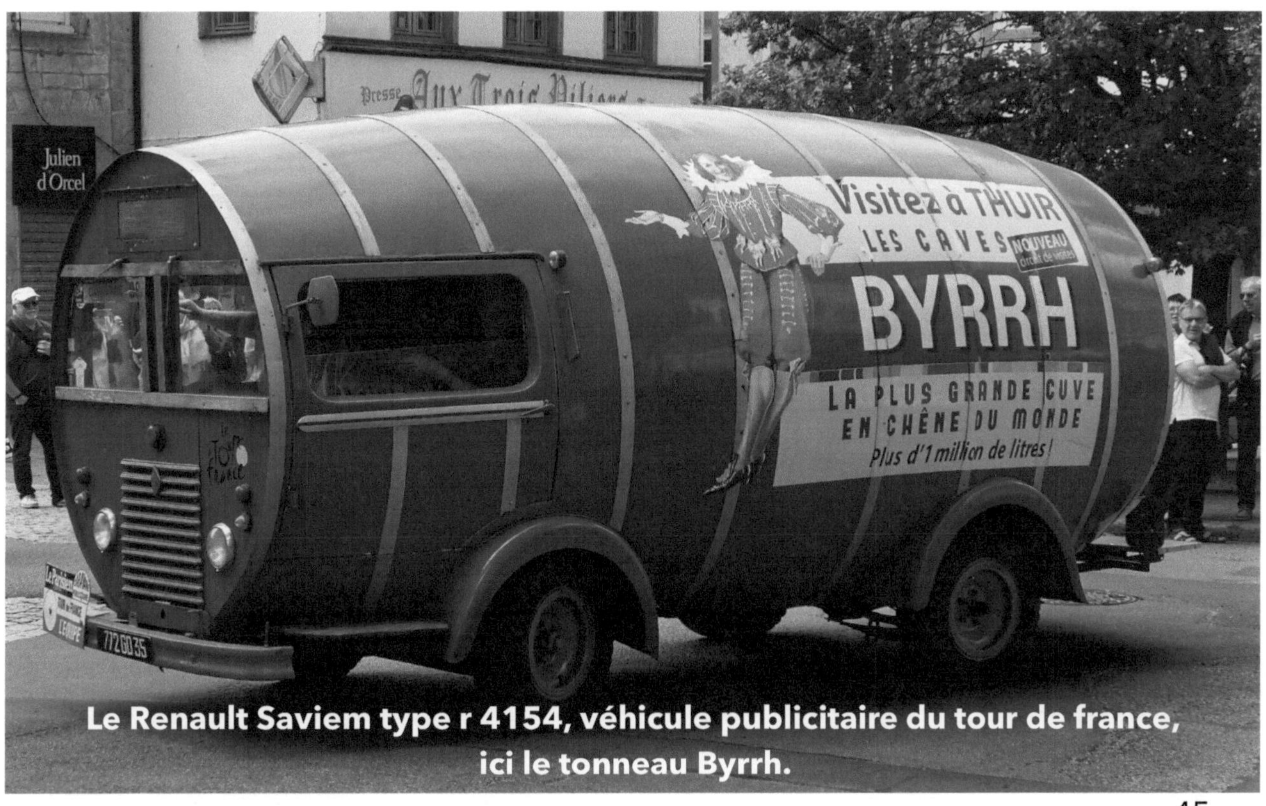

Le Renault Saviem type r 4154, véhicule publicitaire du tour de france,
ici le tonneau Byrrh.

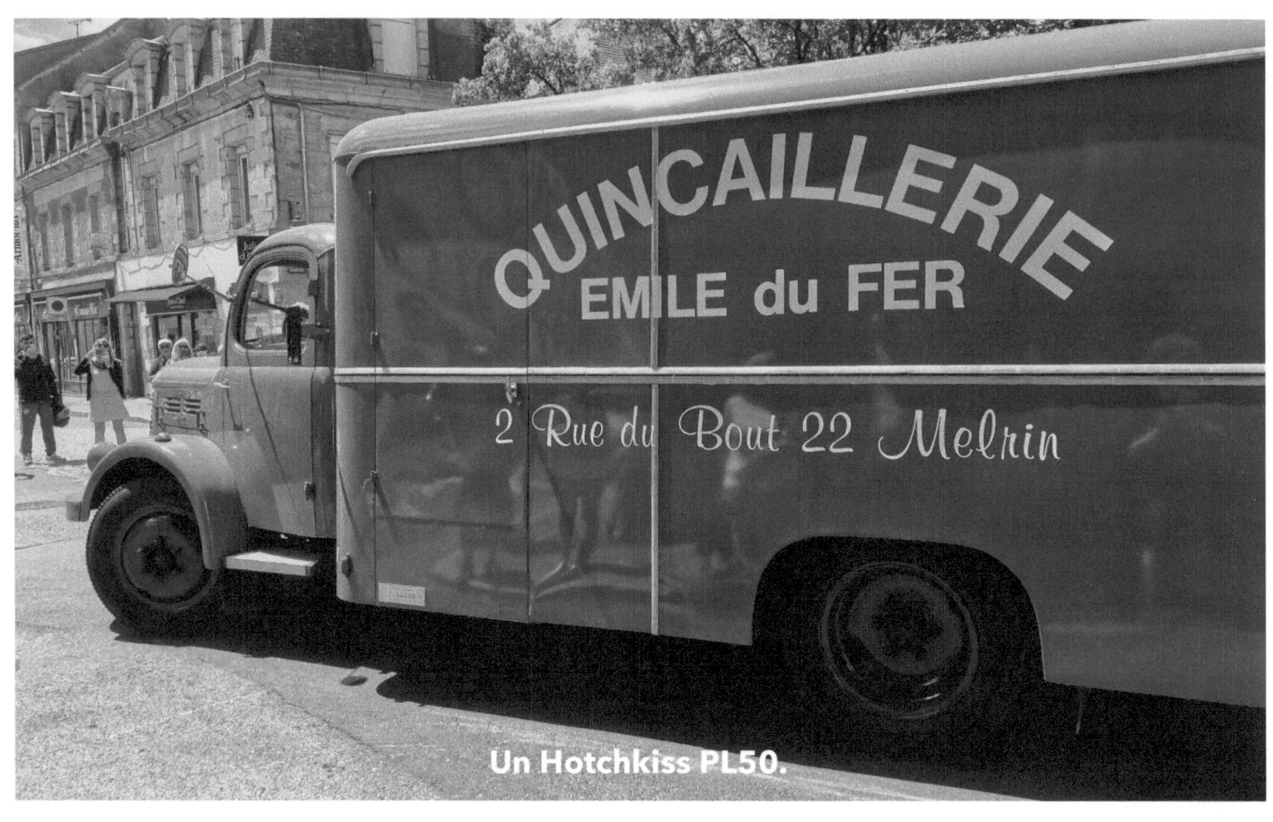

Un Hotchkiss PL50.

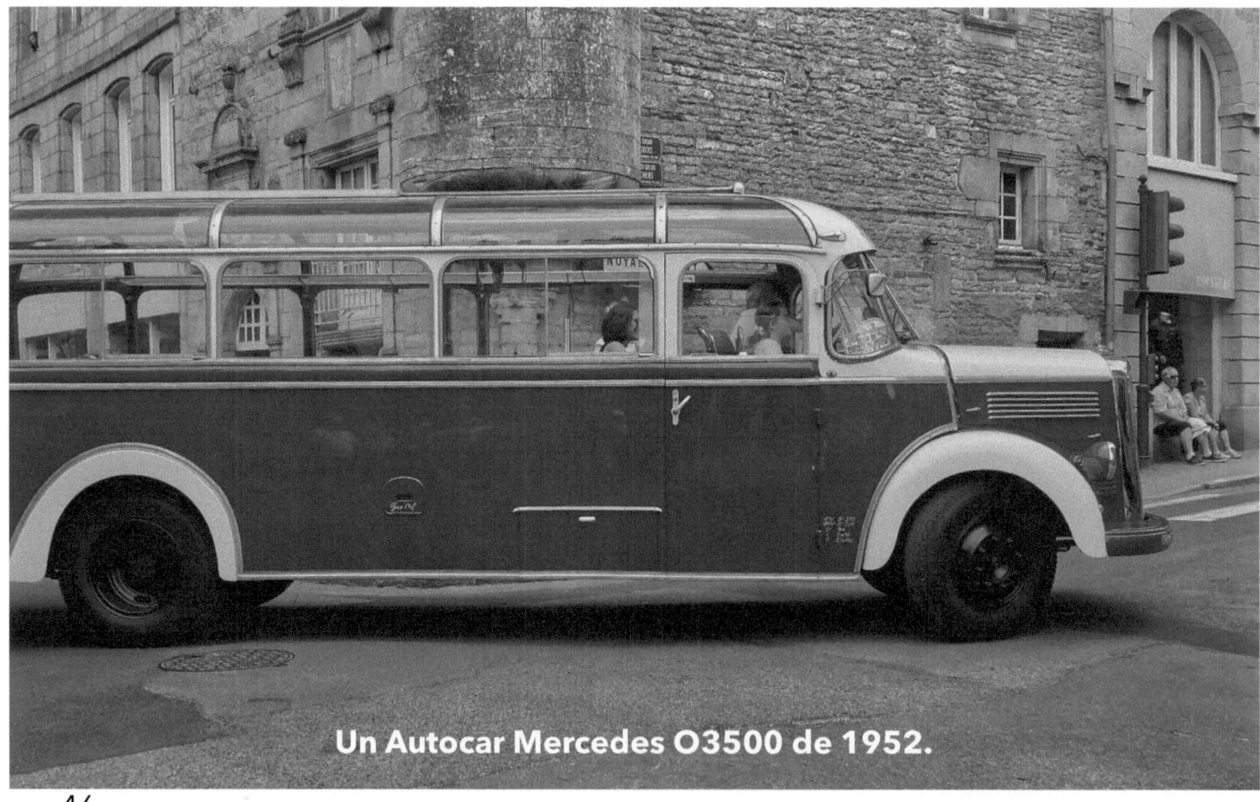

Un Autocar Mercedes O3500 de 1952.

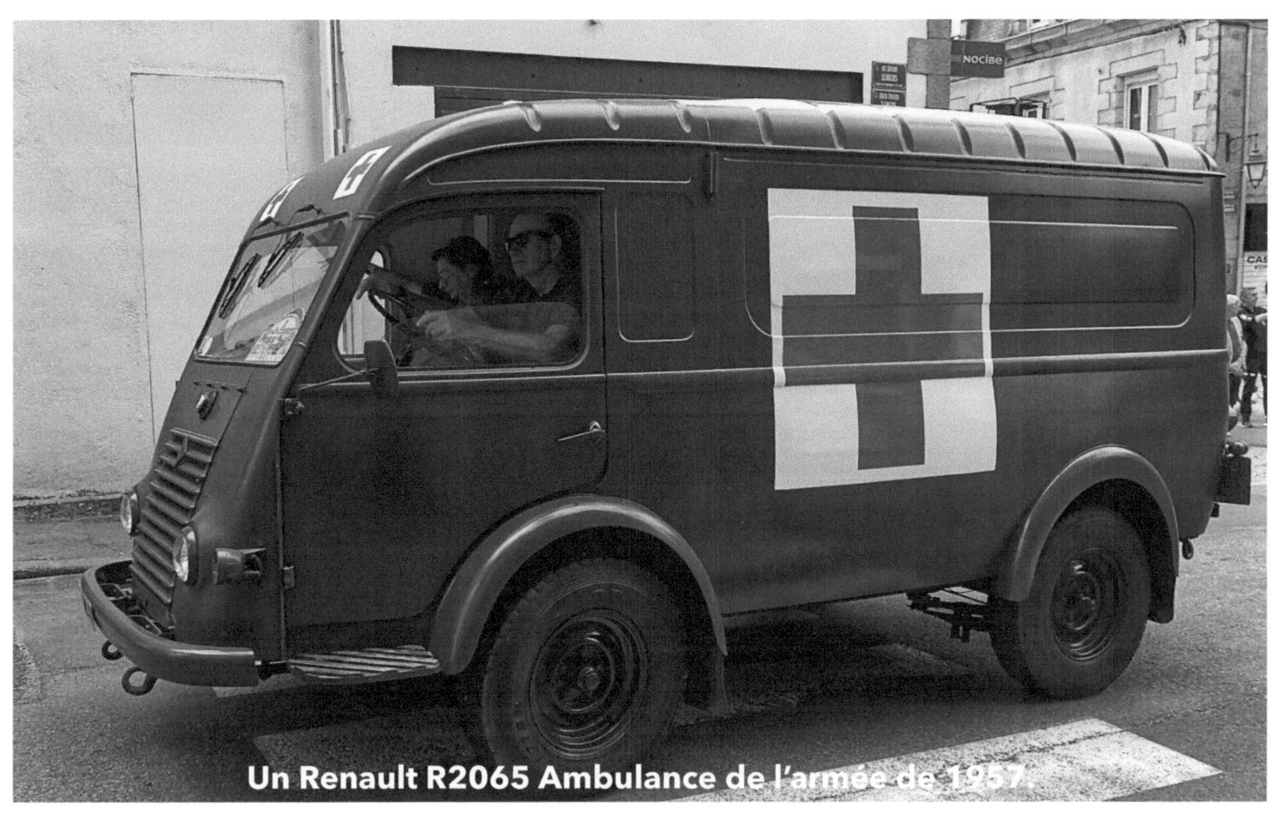

Un Renault R2065 Ambulance de l'armée de 1957.

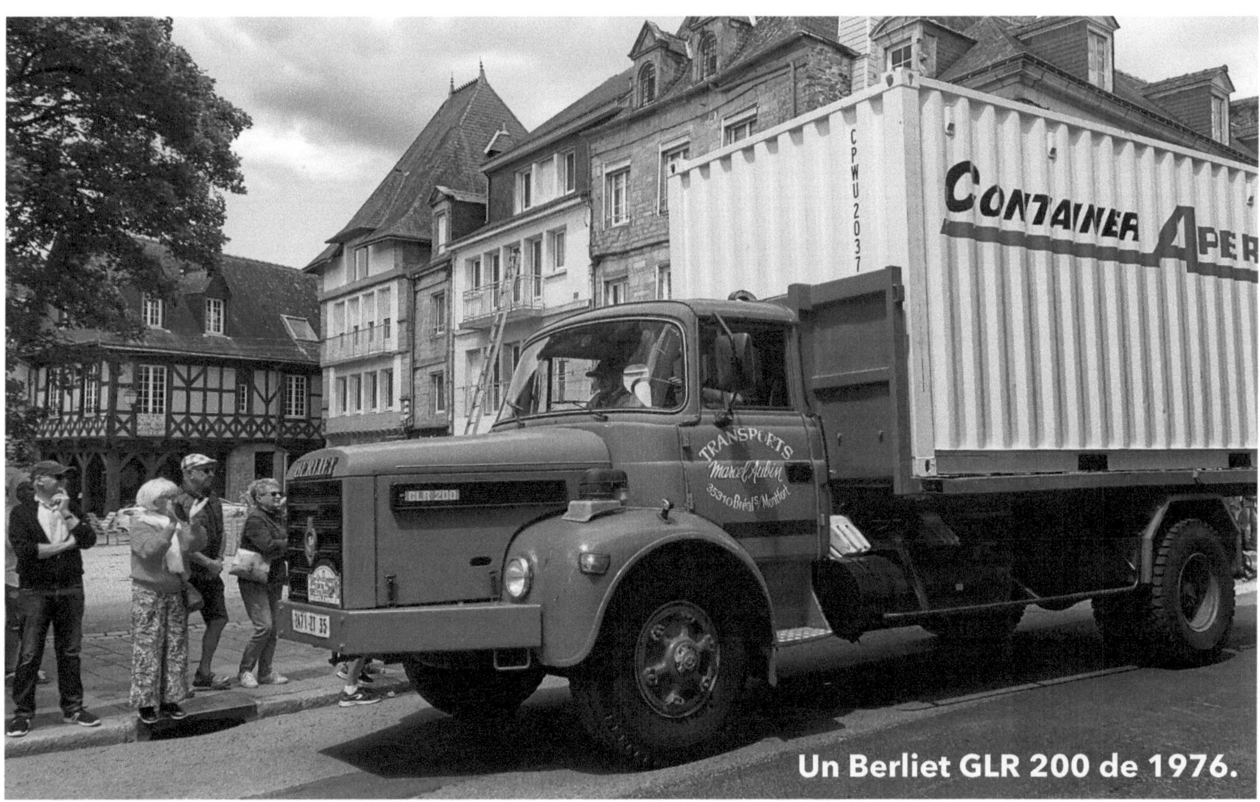

Un Berliet GLR 200 de 1976.

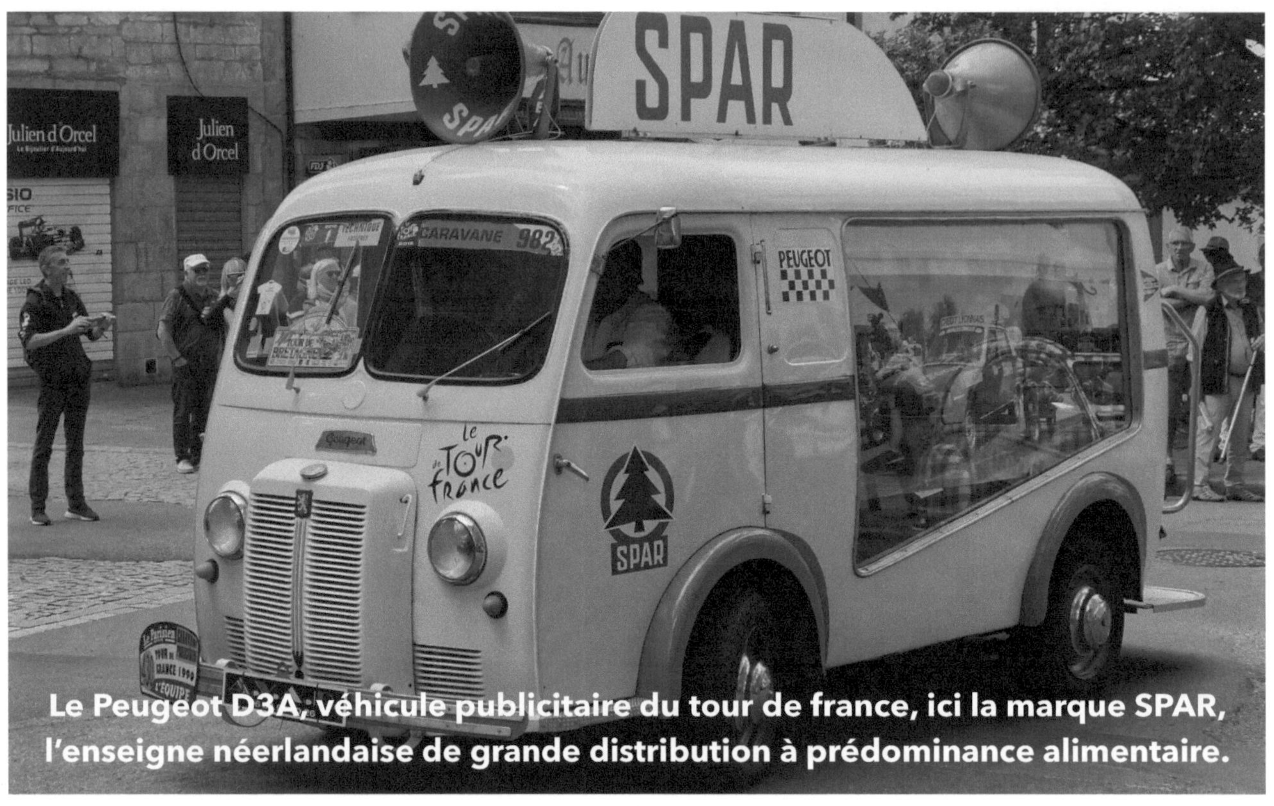

Le Peugeot D3A, véhicule publicitaire du tour de france, ici la marque SPAR, l'enseigne néerlandaise de grande distribution à prédominance alimentaire.

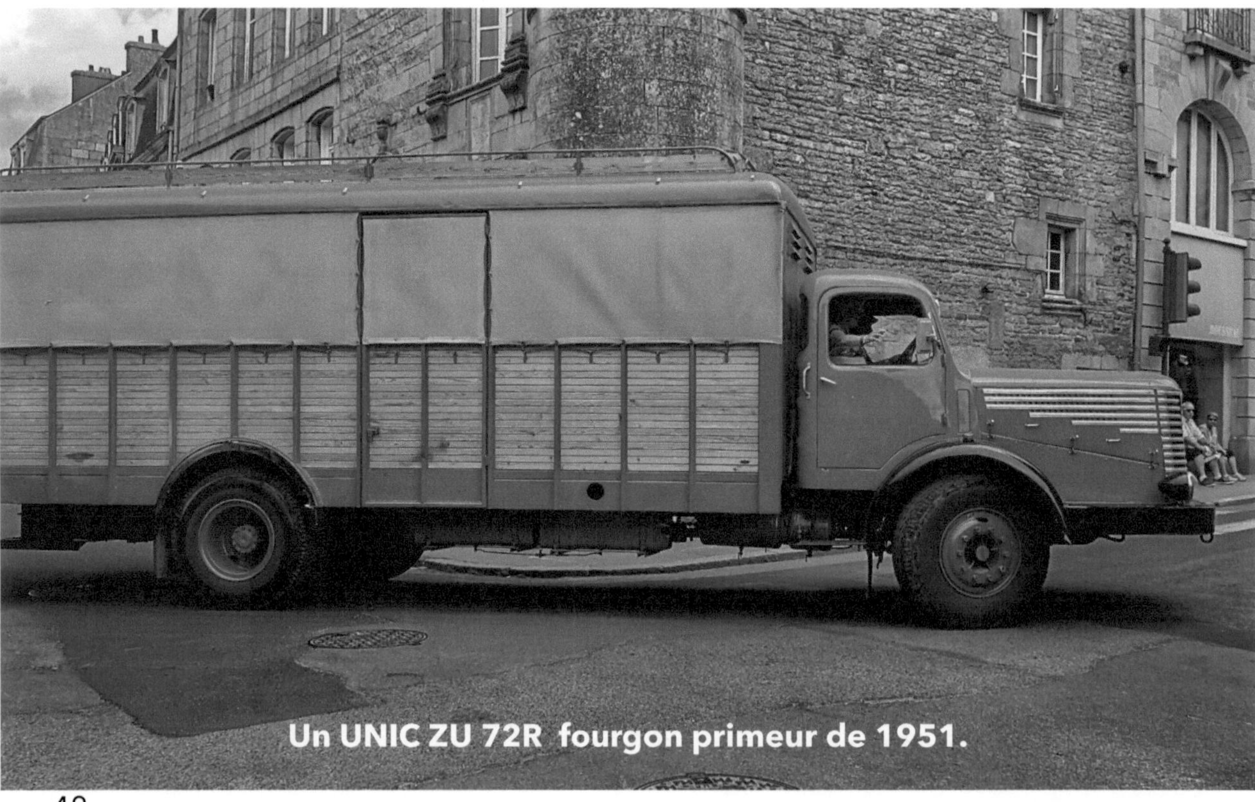

Un UNIC ZU 72R fourgon primeur de 1951.

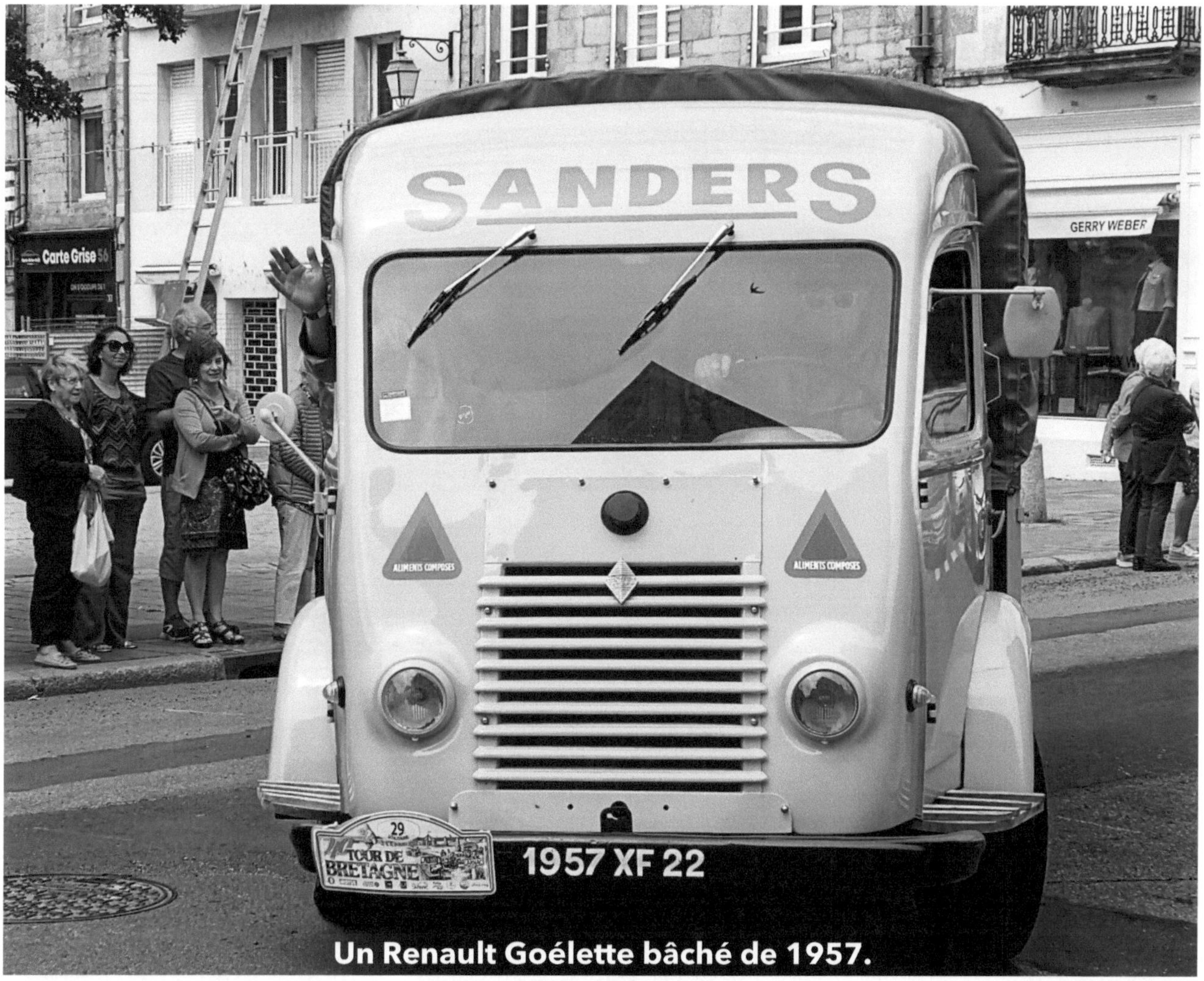

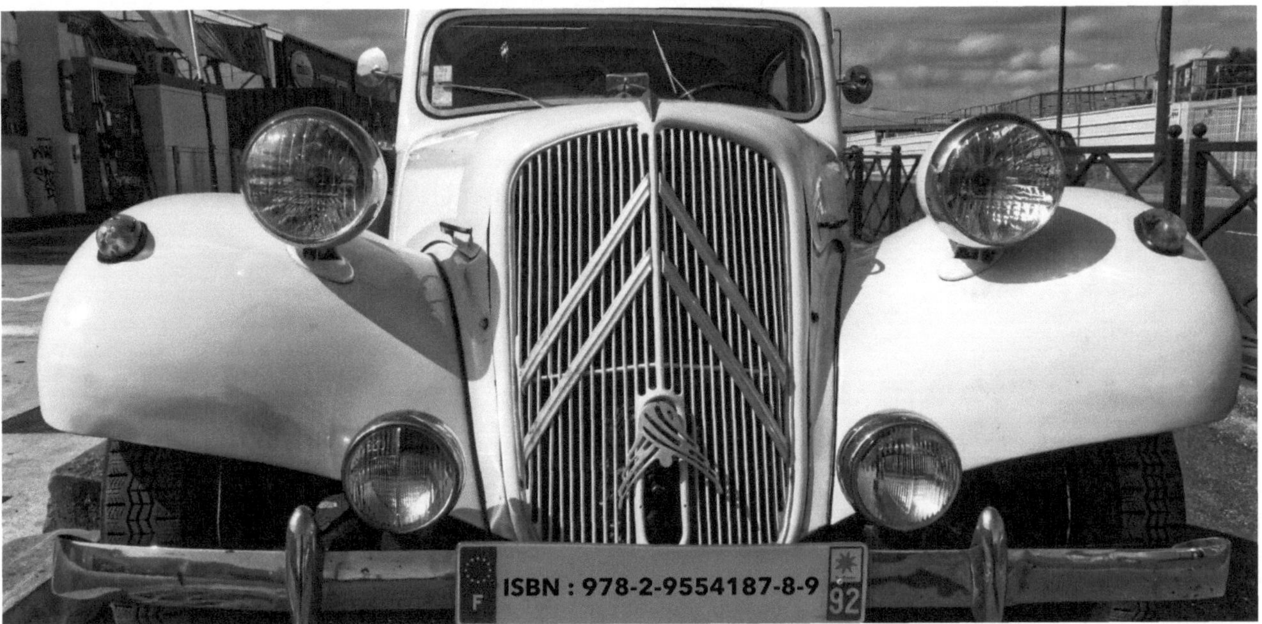

Un Renault Goélette bâché de 1957.

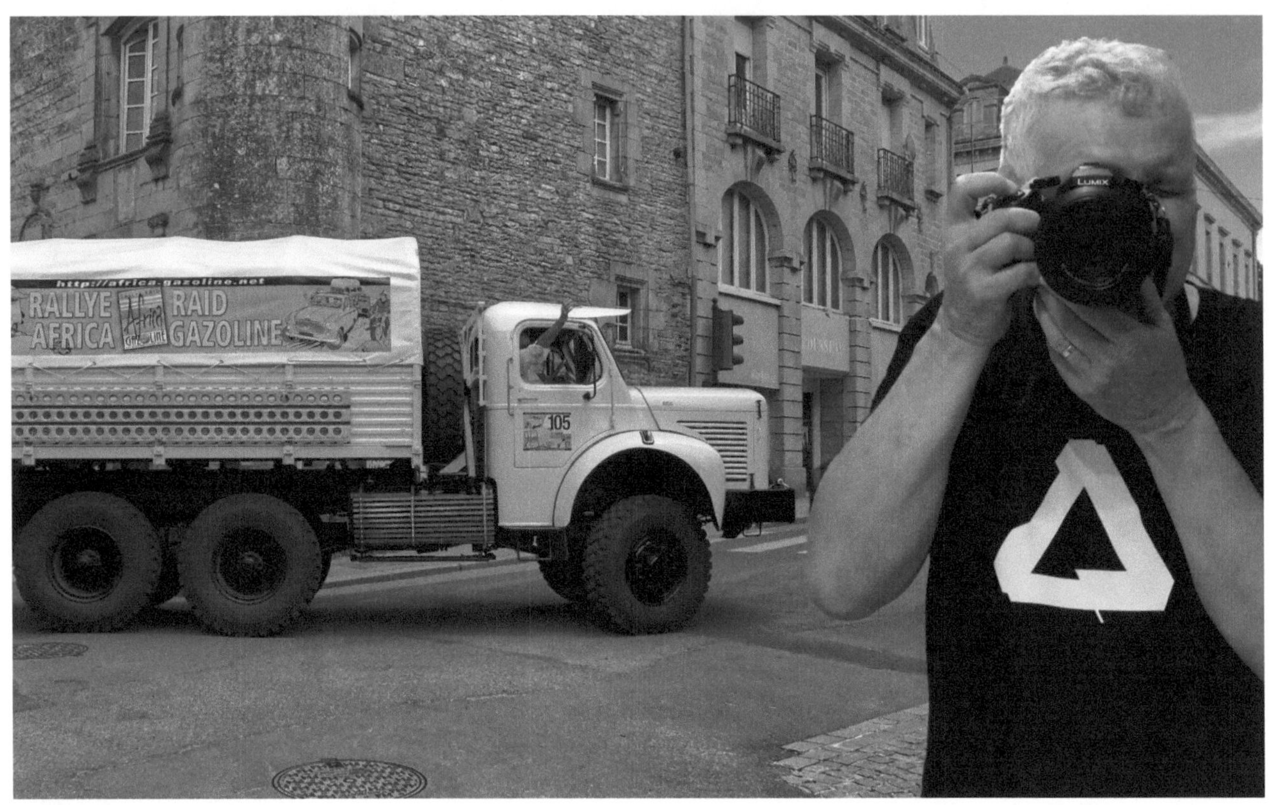

L'INSTANT PRÉSENT

La photo est pour moi l'aide-mémoire et le témoignage des beautés de notre planète et des événements que j'ai eu la chance de vivre.

Chacune de mes photos documente le regard que j'ai envie de partager avec vous...

Dans ce livre photo, je tenais à vous partager ma passion pour les Voitures Anciennes.

Cette sélection n'est pas exhaustive, et ma série va continuer à s'enrichir.

À bientôt pour une prochaine édition complétée par d'autres modèles....